Brigitte Helfrecht

Zukunft – ja bitte!

Mein Leben bestimme ich selbst

HelfRecht-Verlag · D-8591 Bad Alexandersbad

Dieses Buch gehört:

_____

_____

ISBN 3-920400-43-9
2. Auflage 1986
© Copyright 1985 by HelfRecht-Studienzentrum GmbH,
D-8591 Bad Alexandersbad
Verlag: HelfRecht Verlag und Druck GmbH, D-8591 Bad Alexandersbad
Herstellung und Druck: HelfRecht Verlag und Druck GmbH, D-8580 Bayreuth

Inhaltsverzeichnis

Inhaltsverzeichnis

Inhaltsverzeichnis

Das Vorwort wird zum Nachwort

Ein Vorwort gibt es nicht in diesem Buch. Viele Jugendliche haben mir verraten, daß sie das Vorwort immer erst zum Schluß lesen, und auch nur dann, wenn das Buch gut war. Also schreibe ich gleich ein Nachwort.

Das findest Du am Ende des Buches.

Einleitung

„Mein Leben bestimme ich selbst" – „Ja, kann man das denn wirklich?" Das fragte mich ein Jugendlicher skeptisch. Dazu meine Antwort: „Ja – im Rahmen der Möglichkeiten, die uns von der Natur, vom Schöpfer vorgezeichnet sind, können wir unser Leben selbst planen und bestimmen."

Wer farbenblind ist, wird kaum Kapitän werden können, und mit einer Körpergröße von 1,55 m wirst Du schwer eine Goldmedaille im Weitsprung erzielen.

Aber wenn Du Deine Anlagen und Begabungen erkennst und sie methodisch und planmäßig, vor allem aber mit Freude ausbaust, wenn Du also Deine „Talente" weder verschleuderst noch vergräbst, sondern verbesserst und vermehrst, dann kannst Du Dein Leben selbst bestimmen.

Halt – es gibt noch eine Grenze. Natürlich darfst Du niemanden ernstlich schädigen mit Deinen Wünschen und Zielen.

Aber der scheinbar enge Rahmen zwischen Schöpfungsgesetzen, Naturgesetzen und menschlichen Gesetzen läßt noch eine so große Spanne von Selbstverwirklichung und Wunscherfüllung zu, daß ich guten Gewissens behaupten darf: „Dein Leben bestimmst Du selbst".

Viel Spaß beim Lesen dieses Buches, vor allem aber bei der Gestaltung Deines Lebens.

Hallo! – Guten Tag

Du bist einmalig! Hat Dir das schon einmal jemand gesagt? Oder hörst Du viel häufiger: Das kannst Du nicht!

M a n tut das nicht.
A l l e sagen, daß …
I c h , in Deinem Alter …

Also, ständig wirst Du mit anderen verglichen, bis Dir der Kragen mal platzt und Du zornig sagst: „Ich bin ich!" – „Ich bin nicht die anderen." – „Ich will so leben, wie ich will, nicht, wie Ihr mich haben wollt".

– „Ich bestimme mein Leben selbst"!

13

Zukunft – ja bitte!

Mir ging es übrigens 'mal genauso, allerdings war ich da schon weit über 20 Jahre.

Du willst jetzt wissen, wer ich bin. Also, ich stelle mich vor:

Ich heiße Brigitte Helfrecht, bin 1946 geboren, habe einige Jahre in Frankreich gelebt und gearbeitet, war Werbeleiterin in einem Fachzeitschriftenverlag, habe in meiner Heimatstadt Essen eine Keramikwerkstatt mit einer Galerie gehabt, wohne jetzt im schönen Fichtelgebirge, leite in Bad Alexandersbad die Planungstage „HelfRecht-Zukunftsplanung für Jugendliche" und bin verheiratet mit dem nettesten Mann, den ich kenne: mit Manfred Helfrecht, dem Begründer des HelfRecht-Studienzentrums, in dem persönliche und unternehmerische Planungsmethoden gelehrt werden.

(Das klingt komplizierter als es ist. Mehr davon später.)

Hallo! – Guten Tag!

Ich liebe die Menschen und die Natur, esse gerne Nüsse und schmökere unheimlich gern und viel – Asterix lese ich mit dem höchsten Vergnügen, allerdings am liebsten in Französisch. Außerdem zeichne ich gern lustige Strichmännchen, denen Du in diesem Buch immer wieder begegnen wirst.

Zukunft – ja bitte!

So, nun weißt Du ein bißchen, mit wem Du es zu tun hast.

Du hast es gut, denn ich weiß leider nicht, mit wem ich nun spreche.

Du bist zwischen 13 und 23 Jahre jung oder jung geblieben.

Du bist ein Mädchen oder ein Junge.

Du bist Schüler oder Auszubildender (**Lernling** fände ich viel schöner, das wäre dann einer, der etwas lernt, und nicht jemand, der abwartet, daß er geschult oder ausgebildet wird).

Du lernst gerne oder hast dabei Schwierigkeiten.

Du bist einsam oder hast viele Freunde (Freundinnen).

Du weißt, was Du mal werden willst, oder hast keinen blassen Schimmer von Deiner Zukunft.

Du findest Deine Eltern ganz in Ordnung oder Du willst nie so leben wie sie.

Du hast viele Hobbys oder „Null Bock".

Du bist selbstbewußt oder verkriechst Dich vor Schüchternheit am liebsten in eine Ecke.

Du schläfst am liebsten bis mittags oder Du pfeifst schon um 7.00 Uhr Deiner Umwelt etwas vor.

„Wer bin ich?"

Du hast Dir dieses Buch gewünscht (gekauft) oder jemand hat es Dir geschenkt.

Also hast Du große Lust, zu erfahren, wie Du Dein Leben selbst bestimmen kannst.

„Wer bin ich?"

Aber, um Dein Leben selbst zu bestimmen, mußt Du ja erst einmal wissen, wer Du bist, was Du willst, wohin es Dich lockt.

Das heißt, Du mußt Dich selbst kennenlernen.

Zukunft – ja bitte!

Warum solltest Du Dich wohl selbst kennenlernen? – Richtig, damit Du weißt, mit wem Du es zu tun hast! Wenn Du jemanden kennenlernst, beispielsweise einen neu zugezogenen Nachbarjungen oder eine neue Klassenkameradin, versuchst Du doch auch zuerst herauszufinden, wie er (sie) wohl ist, wie er handelt, was sie sagt, wo er herkommt, was sie kann, was er gern macht und vielleicht auch, welche Schwächen sie hat.

Warum willst Du das wissen? Ganz einfach: Du möchtest herausfinden, ob Du ihn oder sie mögen kannst, ob sie vielleicht Deine Freundin werden könnte, ob er Dir vielleicht schaden wird, ob Du Dich vor ihr schützen mußt, ob Du auf ihn zugehen kannst.

Und genauso ist es mit Dir selbst! – Erst einmal mußt Du herausfinden, wer Du bist, ob Du Dein eigener Freund bist oder Dir vielleicht selbst manchmal schadest, damit Du weißt, wie Du mit Dir selbst umgehen kannst.

Und damit sind wir schon beim ersten Schritt zur „Selbstbestimmung" angelangt: bei der Analyse. Das heißt soviel wie: „alle Mosaiksteinchen zusammentragen, die Dein Wesen, Deinen Charakter, Deine Wünsche, Ziele und Fähigkeiten darstellen und ausmachen".

Vielleicht fragst Du nun, was denn diese Selbsterkenntnis mit der Planung Deiner Zukunft zu tun habe.

„Wer bin ich?"

Nun, mit diesem Buch will ich erreichen, daß Du Dir die folgenden Fragen stellst und sie später auch beantworten kannst:

- **Wer bin ich?**
- **Wer will ich werden?**
- **Was muß ich tun, um der (die) zu werden, der (die) ich werden möchte?**
- **Wie muß ich tun, was ich tun will?**
- **Wann werde ich tun, was ich meine, tun zu müssen?**

Das klingt vielleicht etwas schwierig. Aber Du wirst sehen, dieses Buch wird Dir viel Spaß beim Lesen und beim Beantworten der verschiedenen Fragen machen.

Und so ganz nebenbei lernst Du eine Menge interessanter Dinge über Dich, Deine Mitmenschen und über das Leben.

Nun also: „Auf geht's" zum ersten Kapitel. – Viel Vergnügen!

Kapitel 1

„Wie erkenne ich mich selbst?"

Ideen sofort aufschreiben

Beim Lesen werden Dir eine Fülle von Ideen und Gedanken kommen. Außerdem stelle ich Dir auch noch
ein paar Fragen, die Du Dir selber beantworten solltest. Damit Du diese Gedanken und Ideen nicht vergißt, solltest Du sie aufschreiben. Also, wappne Dich
mit Papier, Bleistift und Radiergummi, damit die kost-
baren Ideen, die Dir jetzt zu Deinem Leben einfallen,
nicht verlorengehen. Du brauchst dich auch nicht zu
genieren beim Schreiben, keine Angst zu haben vor
Rechtschreibefehlern oder befürchten, „Schnapsideen"
aufzuschreiben – es kontrolliert ja niemand. Nur Du

„Wie erkenne ich mich selbst?"

selbst wirst diese Aufzeichnungen wieder lesen, und was Dir davon später nicht gefällt, kannst Du wegradieren und durch bessere und schönere Gedanken ersetzen.

Übrigens — eine spannende Sache wirst Du feststellen: Je mehr Du Dir aufschreibst, umso mehr Ideen kommen. Auf der ersten Seite sagte ich Dir ja schon, daß Du einmalig bist. Das läßt sich ganz einfach beweisen. Sicher hast Du schon einmal einen Kriminalfilm gesehen und weißt, daß man anhand des Fingerabdrucks einen Menschen erkennen (identifizieren) kann. Wenn nun schon dieser Quadratzentimeter Haut auf Deinem Finger so einmalig ist unter all den Menschen, die gelebt haben und noch leben, dann sind mit Sicherheit Dein Wesen und Deine Persönlichkeit auch einmalig. Niemand also kann besser wissen als Du selbst, wer Du bist und wer Du werden möchtest.

Schöne und störende Situationen herausfinden

Bis jetzt war von Deiner Selbsterkenntnis und Deiner Zukunft die Rede. Das sind große Worte, die Dich möglicherweise erschrecken. Keine Angst, dieses Buch wird Dir auch helfen, Dein jetziges, gegenwärtiges Leben erfreulicher zu gestalten. Ob es sich um bessere Noten in der Schule handelt, um ein besseres Verhältnis zu Deinen Eltern, ob es darum geht, einen Freund oder eine Freundin zu finden oder mehr Zeit und Ideen für Deine Hobbys zu haben ...

Dein jetziges Leben wird ja von vielen verschiedenen Dingen bestimmt. Manche sind schön und angenehm für Dich, andere wiederum stören Dich, sind unangenehm. In diesem Buch nennen wir die schönen Dinge

„Wie erkenne ich mich selbst?"

die Plus-Situation und alles, was uns stört, die Minus-Situation.

Du wirst in diesem Buch immer wieder feststellen, daß wir Plus- und Minus-Situationen gegenüberstellen.

Kannst du Dir vorstellen, warum?

Richtig! – Wenn Du die Gegensätze miteinander vergleichst, wird Dir Deine eigene Lage noch klarer. Wie z.B. bei dem Vergleich kalt–warm. Was heißt schon: Heute ist es kalt. – Das kannst Du nur dann sagen, wenn Du schon einmal einen warmen Tag erlebt hast; und das Saure der Zitrone kannst du nur dann richtig erkennen, wenn Du schon einmal etwas Süßes gegessen hast. Und frage einmal die Erwachsenen: Gesundheit schätzen viele erst dann so richtig, wenn sie schon einmal krank gewesen sind.

So, und nun schaue Dir einmal das nachstehende Bild an:

„Ich und meine Ziele"

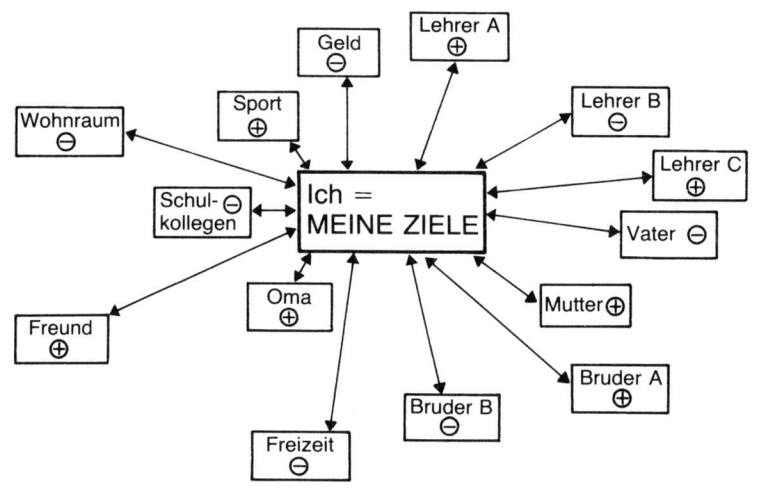

Da steht in der Mitte: „Ich = Meine Ziele".

Kannst Du Dir vielleicht denken, warum „Ich" und „Meine Ziele" gleich sein sollen?

Stelle Dir einmal vor, Du kennst zwei Jugendliche, die Ärzte werden wollen. Der eine sagt Dir, daß er Arzt werden möchte, weil er gut verdienen und einen angesehenen Beruf ausüben will; der andere sagt, er möch-

„Wie erkenne ich mich selbst?"

te gerne ein guter Arzt werden, um den Menschen zu helfen, Krankheiten zu überwinden und dabei auch gut zu verdienen.

Ein weiteres Beispiel: Stelle Dir zwei Lehrerinnen vor. Die eine ist Lehrerin geworden, weil sie gern viel Ferien hat, weil sie einen sicheren Arbeitsplatz schätzt. Die andere ist Lehrerin geworden, weil sie Kinder und Jugendliche liebt, weil sie ihnen mit Begeisterung ins Leben helfen will. Natürlich wird auch sie den sicheren Arbeitsplatz und die Ferien schätzen.

Wie sich diese beiden zukünftigen Ärzte und Lehrerinnen voneinander unterscheiden, kannst Du leicht selbst herausfinden. Merkst Du, wie die Ziele eines Menschen etwas über seine Persönlichkeit aussagen?

Ein Beispiel aus Deinem Bereich: Jemand, der Klassensprecher werden oder eine Sportjugendgruppe leiten möchte, ist ein anderer, als derjenige, der gemeinsam mit anderen musizieren will.

Nun zurück zur vorstehenden Abbildung: In den Feldern rund um das „Ich" siehst Du Lehrer, Vater, Mutter, Freizeit, Wohnraum sowie Minus- oder Plus-Zeichen dazu. Sie sollen zeigen, ob eine Situation oder auch eine Person oder das Verhältnis zu einer Person für Dich gut oder unangenehm ist.

Mein Tip: Zeichne doch einmal Deine Situation mit den Personen und Umständen, die Dich betreffen, und schreibe gleich das entsprechende Zeichen dahinter. Also ein Minus (−), wenn etwas unschön ist und ein Plus (+), wenn Du mit der Situation sehr zufrieden bist.

Die Zeichnung, die Du gerade gemacht hast, zeigt Deine jetzige Lage. Aber Dein Leben wird ja auch bestimmt von all dem, was bisher schon passiert ist. Und nun versuche einmal, Dich in Gedanken an all das zu erinnern, was bisher in Deinem Leben unangenehm war: aus dem Bereich der Familie, der Freunde, der Umgebung, der Schule, in den Ferien, beim Hobby. Was war für Dich bedrückend, enttäuschend, was war ein bedeutendes Mißerfolgserlebnis für Dich?

So − und jetzt stellst Du Dir vor, was schön war in Deinem Leben. Auch wieder aus allen Bereichen, die Dich betreffen: mit Deinen Eltern, Geschwistern, mit Freunden, mit Sportkollegen, in den Ferien − vielleicht mit Tieren, beim Hobby. Stelle Dir außerdem noch vor, worauf Du stolz bist − was Du bisher Schönes getan oder erreicht hast.

„Worauf bin ich stolz?"

Mit dem Stolzsein auf etwas ist es so eine Sache. Nicht immer werden wir für etwas gelobt, das wir wirklich gut gemacht haben. Beispielsweise, wenn Du gute Schulnoten bekommst, wirst Du sicherlich auch ein Lob dafür erhalten — aber vielleicht bist Du darauf gar nicht so stolz, wie z.B. auf Deine sportlichen Erfolge oder auf eine Muschelsammlung oder auf Deine selbstentwickelten Fotos oder auf ein Holzspielzeug, das Du für jüngere Geschwister geschnitzt hast. Die Reihe kann man endlos fortsetzen.

Ich selbst z.B. war recht stolz auf meine ersten Kunst-
werke, aber gelobt wurde ich von meiner Mutter nur,
wenn ich besonders ordentlich war (was selten vor-
kam).

Keiner ist auf allen Gebieten gleich gut

Eine Freundin meiner Mutter meinte einmal: „Warum
soll Deine Brigitte unbedingt eine gute Hausfrau sein,
warum bist Du nicht glücklich, daß sie eine begabte
Künstlerin ist?"

Und ein Freund sagte zu diesem Thema, daß ein
Mensch besondere Begabungen meist nur auf einem
ganz bestimmten Gebiet habe und nicht in allen Bereichen menschlicher Leistung. Stimmt das nicht? Hast Du
nicht ähnliche Erfahrungen mit Dir und anderen Menschen gemacht? Da leistet einer ganz Außergewöhnliches und Du bist enttäuscht, wenn er auf einem anderen Gebiet nur Unterdurchschnittliches zustande
bringt.

In meiner Schulklasse war ein Mädchen, das in fast allen Fächern auf „2" oder gar „1" stand, und dabei war
sie nicht einmal besonders fleißig, wie sie selbst immer
wieder beteuerte. – Es „flog ihr einfach so zu".

„Wie erkenne ich mich selbst?"

Wir waren immer recht glücklich, zu erleben, wie kläglich sie sich in der Sportstunde ausmachte. Es war für uns sehr befriedigend, zu sehen, wie so ein „Universalgenie" auch seine Schwächen hatte. Das Großartige an diesem Mädchen war, daß sie zu dieser Schwäche stand und nicht daran verzweifelte, nicht in allen Fächern die Erste zu sein.

So ist das nun mit Menschen. Jeder hat ein Gebiet, auf dem er sehr begabt ist und wiederum andere Gebiete, die er absolut nicht verstehen, bewältigen oder in den Griff bekommen kann. Darüber muß man nicht zu traurig sein oder sich gar schämen.

„Was ich gern mache, gelingt mir auch gut"

Prüfe es einmal nach! Du wirst feststellen: es besteht eine enge Beziehung zwischen dem, was ein Mensch gern macht und dem, was ihm gut gelingt. Beides ist immer miteinander verwandt.

Entweder aus Deiner eigenen Erfahrung oder mit Klassenkameraden kennst du sicher die Tatsache, daß einer in einem Fach ganz außergewöhnlich gut ist, ohne dafür viel zu arbeiten. Immer wirst Du dann feststellen, daß er dieses Fach gerne betreibt und womöglich gar noch mit dem Lehrer gut zurecht kommt. Da kann ein anderer, der eine Abneigung gegen dieses Fach hat, und mit dem Lehrer seine Konflikte bewältigen muß, noch so viel büffeln — er kommt trotz seines erheblich größeren Arbeitsaufwandes über eine Durchschnittsnote meist nicht hinaus.

Das gilt für das ganze Leben, wird aber selbst von den Erwachsenen meist übersehen. Was einer gern macht, macht er gut; was er gut macht, macht er wegen der Erfolgserlebnisse eben auch gern. Und das ist ein Grundgesetz menschlicher Begabung. Wer sich im späteren Leben oder im persönlichen Freiraum außerhalb der Schule auf Gebiete wagt, gegen die er eine Abneigung hat, programmiert meist schon seine Mißerfolge voraus. Wer sich nur auf Gebieten entfaltet, die ihm liegen, die ihm Spaß machen, die für ihn erfreulich sind, hat meist Erfolg.

Solange Du noch in der Schule bist oder studierst, mußt Du Dich natürlich mit allen notwendigen Fächern auseinandersetzen. Aber, Du kannst hier schon erkennen, wohin die Begabungen für Dein Leben tendieren. All das, was Du in Schule und Privatleben gern tust und was Dir gut gelingt, deutet auf eine Erfolgsbegabung hin. Wer diese Richtung nicht erkennt und für sich nicht nutzt, der braucht später sehr viel mehr Kraft und Energie, um recht wenig zu erreichen.

Begabung, was ist das?

Bisher habe ich Dir zwei wesentliche Begabungsfaktoren aufgezeigt:

1. Was Du gern machst,
2. was Du gut machst,

sind für Dich Erfolgschancen.

Einen wesentlichen dritten Punkt spreche ich jetzt an.

Zwei Gründe veranlassen den Menschen zu besonderen Leistungen:

Er will Anerkennung, Wertschätzung und Zuneigung erleben. Viele wollen auch innerhalb einer Clique oder einer Gruppe geschätzt, geliebt und aufgenommen werden.

Der zweite Bereich sind die materiellen Wünsche und Ziele. Alle materiellen Ergebnisse kommen von unseren Mitmenschen. Das beginnt mit dem Taschengeld und geht später über Gehalt, Prämien und Einkommen weiter. All das kommt von anderen Menschen auf Dich zu.

Wer wird Dir nun Anerkennung und Wertschätzung entgegenbringen? Wer wird Dich bezahlen? Doch ganz sicher nur Menschen, denen Du in irgendeiner Weise Wünsche erfüllst, Bedürfnisse befriedigst, oder, wie wir ganz knapp und kurz, aber sehr treffend, sagen: „Nutzen bietest".

Damit sind wir wieder beim dritten wesentlichen Begabungs-Bestandteil. Wenn Du etwas gern tust und es gut machst und wenn Du damit auch noch anderen Menschen Nutzen bieten kannst, dann wird es Erfolg geben. Langfristig gilt das in jedem Fall, wenn auch mehr oder weniger große Enttäuschungen auftreten können.

Nutzenbieter sind beliebt, Schädiger lehnen wir ab

Handelst Du nicht auch so wie Deine Mitmenschen? Lehnst Du nicht alle ab, die Dir schaden, die Deinen guten Ruf bei Deinen Freunden untergraben, die Schönes kaputtmachen, das Dein Eigentum ist? Fühlst Du Dich nicht zu denen hingezogen, in deren Umgebung Du guter Stimmung bist, die Dich schätzen, die Gutes von Dir sprechen, die Dir auch das eine oder andere materielle Bedürfnis erfüllen, und sei es nur das Besorgen einer gesuchten, seltenen Schallplatte?

Vielleicht ist es ganz interessant, wenn Du Dir einmal die Menschen in Deiner Umgebung daraufhin ansiehst. Ein Mädchen sagte mir einmal: „Ich mag meine Freundin ja recht gern, aber schlimm ist es, daß sie jedes Mal, wenn ich einen Erfolg hatte (eine gute Note oder im Sport eine besondere Leistung erbracht hatte) neidisch war. Sie lief dann mit richtig griesgrämigem Gesicht herum. Außerdem hat sie mir auch schon einmal einen Freund ausgespannt". Als ich sie dann fragte, weshalb sie ihre Freundin denn gerne habe, kam sie ins Stottern und wußte nicht so recht etwas zu sagen. „Na ja, wir sitzen nebeneinander in der Schule, wir kennen uns schon so lange und wir besprechen viel miteinander". Und danach sagte sie wieder: „Na ja, aber vieles trägt sie wieder weiter".

Merkst Du was? Diese Freundschaft war doch wohl nur eine Gewohnheits-Freundschaft, denn eigentlich hätte doch das junge Mädchen lieber eine andere Freundin gehabt, eine, die ihr nicht schadet, sondern die ihr Freude bereitet und Gutes tut, also Nutzen bietet.

Prüfe es einmal nach. Wir Menschen gehen all denen aus dem Weg, die unserem Gefühlsleben wie unserer materiellen Situation Schaden zufügen. Wir suchen und sehnen uns dagegen nach Menschen, in deren Umgebung wir aufleben, uns wohlfühlen, bei denen es uns gut geht.

So kannst Du also durchaus Deine Umgebung werten, ohne daß Du dabei ein schlechtes Gewissen haben mußt. Denn wer für Dich ein Mensch ohne besondere Bedeutung ist, kann für einen anderen höchste Werte haben. Auch Du kannst nur für einige wenige Menschen, später im Berufsleben vielleicht für viele Menschen, ein Wert sein. Nicht alle aber werden Dich zum Freund haben können.

So darfst Du also durchaus auch Deine Mitmenschen danach werten, ob Du mit ihnen engeren Kontakt haben willst oder nicht. Damit hast Du über Menschen noch nicht geurteilt.

Später, in Deinem Berufsleben, wird über Deinen materiellen Erfolg wie über Deinen guten Ruf ausschließlich entscheiden, wie Du mit Deinen Leistungen das Gedeihen anderer fördern kannst. Auch in der Familie

„Wie erkenne ich mich selbst?"

werden Deine Kinder und Dein Lebensgefährte Dich danach werten, wie es Dir gelingt, ein guter Partner im Spiel des Lebens zu sein.

In allen Bereichen, in denen Dir die drei Begabungs-Bestandteile möglich sind, wirst Du auch Erfolg haben können.

Du wirst jede Belohnung, jede Anerkennung, jedes Einkommen, das Du durch Nutzenbieten einmal erwerben wirst, ohne Schwierigkeiten genießen können. Der Arzt, der durch gute Leistungen viel Geld einnimmt, kann seinen Reichtum zeigen. Er kann ein schönes Haus besitzen, er kann ein großes Auto fahren – man wird es ihm nicht neiden. Was aber ist mit einem Bankräuber? – Er nutzt der Gemeinschaft nicht, er schädigt sie und er muß seine Beute verstecken, darf das Geld nur heimlich ausgeben, weil man ihm sonst auf die Schliche kommt und ihm das Diebesgut wieder abnimmt. Ja, er wird sogar noch bestraft für seine „Arbeit"; das hat der Arzt nicht zu befürchten.

Überlege einmal, wer in Deiner Umgebung wem Nutzen bietet.

Kapitel 1

Nutzen bieten heißt nicht verschenken

Übrigens — Nutzen bieten hat nichts mit Verschenken zu tun. Ich habe einmal ein Mädchen kennengelernt, das sagte: „Ich kenne meinen Wunschberuf noch nicht und ich weiß nicht, was ich 'mal werden möchte, aber ich weiß, daß ich viel Nutzen bieten will und daß ich viel Geld verdienen will, damit ich mit diesem Geld auch anderen Menschen wieder helfen kann."

Ein Ertrinkender kann einem Ertrinkenden nicht helfen, und ein Armer kann Armen keine materielle Hilfe geben. Also, gut verdienen ist etwas Gutes.

Genauso ist es übrigens mit dem Unternehmen. Ein Betrieb, der Verluste macht, ist gefährlich für die Gemeinschaft. Denn entweder wird er soviel Verluste machen, daß die Firma schließen muß, daß also Arbeitsplätze verlorengehen, oder aber der Staat muß diese Unternehmen mit Geldern unterstützen, die wiederum von anderen Menschen als Steuern gezahlt wurden.

Es gibt eine Witzfrage, die heißt: „Warum haben Adam und Eva das Paradies verloren?" Die Antwort lautet: „Weil es ihnen geschenkt wurde."

Jetzt überlege Dir einmal aus Deiner Umgebung: Achtest Du Dinge, die Du selbst erworben hast, nicht höher, als Dinge, die Dir einfach nur so zugefallen sind?

„Wie erkenne ich mich selbst?"

Nun zurück zum Nutzenbieten. Es sieht vielleicht für Dich jetzt so aus, als ob nur Erwachsene in ihrem Berufsleben Nutzen bieten können. Jetzt sollten wir einmal überlegen, was Du heute schon tun kannst. Wem kannst Du heute schon womit Nutzen bieten?

Schreiben wir uns doch einmal auf: Was heißt Nutzen bieten alles noch? Mir fallen dazu folgende Begriffe ein: fördern, helfen. Ja, auch loben und gute Stimmung verbreiten ist doch keine Schädigung, also ein Nutzenbieten. Wenn Du beispielsweise gute Schulnoten nach Hause bringst, ist das nicht nur für Dich sehr gut und praktisch, sondern Deine Eltern werden sich darüber freuen — also kannst Du sogar mit Deinen Schulleistungen schon Nutzen bieten.

Wenn Du Deiner Mutter sagst, daß das Essen heute ganz besonders gut geschmeckt hat, dann ist das für sie eine Belohnung ihrer Anstrengung, ihrer Arbeit und also ein Nutzenbieten. Wenn Du bei Bekannten hörst, daß von einem Freund schlecht gesprochen wird und Du verteidigst ihn und stellst die Sache richtig, sorgst also für seinen guten Ruf, dann ist Deinem Freund damit genützt. Und wenn einer eine Party gut vorbereitet und organisiert hat, daß Ihr alle Euren Spaß daran habt, dann ist das auch ein Nutzen bieten.

Und was ist mit dem Lehrer? Der bekommt ja für seine Arbeit ein gutes Gehalt. Dennoch braucht er Anerkennung, und von wem kann er sie besser bekommen, als von Euch. Denn Lehrer sind auch Menschen! Und wenn ein Lehrer eine Unterrichtsstunde besonders spannend und interessant gestaltet hat, dann solltest Du Dich nicht genieren, ihn dafür auch einmal zu loben. Jemanden zu loben für eine gute Leistung hat mit Schleimerei und Strebertum nichts zu tun. Außerdem nutzt Du mit diesem Lob auch noch Deinen Klassenkameraden. Denn ein Lehrer, dessen gute Stimmung durch ein Lob bewirkt wird, wird auch zu Deinen Klassenkameraden netter sein.

Recht ausführlich haben wir beide nun über den in diesem Buch häufig verwendeten Begriff „Nutzen bieten" nachgedacht.

„Meine Stimmung als Barometer zwischen Nutzen und Schaden"

Aber auch Deine „materielle" Umwelt kann Dir nutzen oder schaden. Einrichtungsgegenstände, Störungen oder Störungsfreiheit, zuverlässig funktionierende oder mangelanfällige Geräte, all das hat eine Wirkung auf Dein Wohlbefinden. Deine Stimmung zeigt es Dir an, was Dich fördert und was Dein Wohlbefinden mindert.

Aus Erfahrung kann ich sicher sagen, daß alles, was auf Dich oder mich verstimmend wirkt, ein Signal für uns ist. Es will uns sagen, daß irgend etwas in unserer Lage nicht zu unserem Wohle ist. Irgend etwas mindert unser Wohlbefinden, unser Gedeihen. Nun gilt es herauszufinden, was es ist. Es sind also nicht nur die Menschen in unserer Umgebung — Ich wiederhole: auch ein Stuhl, der Kreuzschmerzen verursacht und eine Lampe, die Wackelkontakt hat, können Dich so beeinträchtigen, daß Deine Leistungen schlechter werden.

Beginne doch einmal zu werten, wenn Du in Deinem Zimmer sitzt. Sieh Dir an, was Dir Wohlbefinden bereitet und was Dein Wohlbefinden mindert. Solche Gedanken sind die erste Grundlage, um Ziele zu entwickeln, wie es besser sein soll. Daraus aber wieder wirst Du gute Schlüsse für Dein Handeln in der Zukunft ziehen können.

Ein weiteres Gebiet ist zu beleuchten, wenn wir unsere Lage auf die Minus- und Plus-Umstände hin prüfen.

In welchen Situationen hattest Du Erfolg, wann fühltest Du Dich stark und sicher?

Der eine ist der Einzelgänger, der zu besten Lernergebnissen kommt, wenn er sich von der Umwelt abkapselt. Der andere ist stark, wenn er gemeinsam mit Menschen lernt, die ihm sympathisch sind. Der eine ist in einer Fußballmannschaft der beste Mittelstürmer, der andere als Einzelgänger der beste Weitspringer. Prüfe einmal, in welchen Situationen Du Dich sicher und wohlfühlst und in welchen Lebenslagen Du deutliches Unwohlsein empfindest. Auch damit empfängst Du Signale, die Dir sagen wollen, wo Deine Erfolgschancen liegen und wo Du Dich am besten zurückhältst.

Wenn Du gedanklich schon herausgefunden hast, in welchen Situationen und Verhältnissen Du Dich wohlfühlst, dann versuche doch einmal, Dir vorzustellen, was Du tun kannst, um diese Situationen häufiger zu erleben. – Ja, vielleicht einmal sogar daran zu denken, wie Du diese Situation in Deinem späteren Leben, vielleicht auch als Erwachsener, wieder hervorrufen kannst. Fehlen Dir dazu vielleicht gewisse Kenntnisse oder Fähigkeiten? Mußt Du dazu noch viel lernen oder üben? – Vielleicht sollten wir deshalb erst einmal klären, was Kenntnisse und Fähigkeiten überhaupt sind, und wo der Unterschied zwischen diesen beiden Begriffen liegt.

Der Unterschied zwischen Kenntnissen und Fähigkeiten

Hast Du schon einmal erlebt, daß Du eine Fremdsprache durchaus kennst, daß Du die Vokabeln gelernt hast und auch die Grammatik beherrschst, und wenn Du dann in dieser Sprache einen Satz sagen sollst, dann kommt „hm, hm" heraus. So ist es nun einmal: ohne Übung kann man auch die besten Kenntnisse nicht verwerten. Es fehlt Dir also die Fähigkeit, die Kenntnisse einer Sprache richtig anzuwenden.

Ein anderes Beispiel: Nehmen wir an, Du liest einige Bücher über Autorennen. Wärst Du damit schon erfolgreicher Rennfahrer? Du kannst genau wissen, wo, an welcher Wegstrecke gefährliche Kurven sind, in welchem Winkel Du die Kurve anfahren mußt, aber fahren können wirst Du sie wahrscheinlich noch nicht. Mir ging es so beim Tennisspielen: theoretisch wußte ich immer ganz genau, mit welcher Stelle des Schlägers ich den Ball treffen müßte, um ihn dem Gegner so zu placieren, daß er den Ball nicht bekommen konnte. Theoretisch! Aber praktisch? Ich war immer nur eine recht mittelprächtige Tennisspielerin. Und selbst wenn jemand all die Bücher über Keramik und Glasurbearbeitung lesen würde, die ich mir schon „einverleibt" habe, so würde er wohl doch kaum in der Lage sein, die gleichen dünnen Porzellanton-Gebilde herzustellen, wenn er nicht vorher fleißig geübt hätte.

Also: Kenntnisse sind das theoretische Wissen; Fähigkeiten sind das durch Übung erworbene Können.

Wenn Du also wissen willst, welche Fähigkeiten Du hast, so bleibt Dir nur, zu prüfen, was Du bereits mit befriedigendem Erfolg ausgeführt hast. Was Du nur weißt, ohne es getan zu haben, sind Kenntnisse.

Wenn Du auf Neuland gehen willst, mußt Du erst testen, ob Dir das Umsetzen von Kenntnissen in Fähigkeiten gelingt. So testet und tastet man sich heran, erwirbt sich Schritt für Schritt Fähigkeiten, und nur auf diesem Weg entstehen die großen Könner auf den verschiedenen Gebieten. Das Studieren des Wissens allein macht noch keinen Menschen zum Könner.

„Wie kann ich Nutzen bieten?"

So sind es Deine Kenntnisse, vor allem aber Deine Fähigkeiten, mit denen Du Nutzen bieten kannst und Dir dafür begehrte Zuneigung, Wertschätzung, Anerkennung und auch Verdienst erwerben kannst.

Das könnte sein die Nachhilfestunde, die Du in Deinem Lieblingsfach einem jüngeren Schüler gibst. Ein junges Mädchen, das ich gut kenne und das sehr gut Querflöte spielt, gibt bereits Flötenunterricht für Anfänger.

Wenn ich jemandem Nutzen bieten will, muß ich allerdings auch darauf achten, daß niemand geschädigt wird durch diese Art, Nutzen zu bieten. Dazu muß ich ein Erlebnis erzählen, das mich sehr bewegt hat: Ein Junge, den ich sehr sympathisch fand, war sehr schüchtern, hatte Probleme, Freunde zu finden und war auch in der Schule nicht besonders gut. Hinzu kam dann noch, daß er für sein Alter sehr klein war und deshalb Komplexe größeren und stärkeren Jungen gegenüber hatte. Sein größter Wunsch war es, Freunde zu haben, in einer Clique geliebt und anerkannt zu sein.

Eine solche Clique hat er gefunden, und zwar durch eine Fähigkeit, mit der er viel Nutzen bieten konnte. Er ist nämlich ein ganz hervorragender Bastler und hat im elterlichen Keller eine Werkstatt eingerichtet, in der er mit Freunden gemeinsam alte Fahrräder „aufmöbelte". Die Eltern des Jungen waren sehr erfreut über diese so sinnvolle Betätigung ihres Kindes. Als der Vater fragte, woher die Fahrräder denn kämen, sagte der Junge, daß er für Klassenkameraden die Fahrräder verschönere. Ganz stolz erzählte er: „Jetzt habe ich fünf Mark bekommen, und dafür habe ich drei Mark eingenommen".

Aber, eines Tages kam die Polizei ins Haus! Es stellte sich heraus, daß die Clique, zu der dieser Junge gehörte, die Fahrräder in der Schule gestohlen hatte und sie dem Jungen brachte, damit er sie so verändere, daß sie nicht erkannt werden. Die Polizei bestätigte, daß er dies wie ein Profi gemacht habe. Vierzehn ist dieser Junge erst – und doch schon solch ein Könner, daß selbst Fachleute seine Leistungen bestaunen.

Jetzt stell Dir vor, er hätte wirklich echten Nutzen geboten und seine Dienste Schulkollegen gegen ein gewisses Entgelt angeboten, statt von Schädigern anerkannt werden zu wollen und Schädigern zu nutzen. Du siehst, mit einer guten Fähigkeit kannst Du Nutzen bieten oder schädigen – je nachdem, für welche Seite Du Dich entscheidest.

Ich habe einmal von einem Mann gehört, der mehrere Jahre im Zuchthaus verbracht hat. Er war „Panzerknacker". Alles was er konnte und sich selbst beigebracht hatte, war, Tresore und Panzerschränke aufzubrechen. Irgendwann war er es leid, immer auf der Flucht vor der Polizei leben zu müssen und beschloß, ein ehrbares Leben zu führen. Doch wie? Das einzige, was er konnte, war „Panzerknacken".

Wie sollte er damit in Ruhe, mit einem guten Einkommen und geregeltem Urlaub leben können? Er kam auf die Idee, einer Firma, die Panzerschränke und Tresore herstellt, seine Dienste anzubieten. Und jetzt ist es ihm ein höchstes Vergnügen, den Ingenieuren und Entwicklern von Sicherheitsschränken durch seine Fertigkeit immer wieder zu beweisen, daß die Tresore noch sicherer gemacht werden müssen, denn er weiß sie wieder zu knacken. Also, er bietet jetzt Nutzen mit der Fähigkeit, mit der er vorher geschädigt hat. Keiner sperrt ihn mehr ein, er bekommt eine Spitzenbezahlung, damit er nicht zur Konkurrenz geht, er genießt große Anerkennung im Unternehmen. Er gewährleistet, daß unsere Panzerschränke sicherer werden und unser Vermögen nicht in falsche Hände gelangt. Die Anerkennung der Geschäftsleitung bekommt er immer wieder zu spüren, und die Ingenieure im Hause sind verblüfft, wenn er wieder einmal aufzeigt, daß ihre Leistungen verbesserungsfähig sind. Seine Lebensgefährtin ist stolz auf ihn, seine Kinder finden „Papa ist der Größte" – und das alles, weil er sich vom Schädiger zum Nutzenbieter wandelte.

Du siehst also, die Schädigung anderer hat immer auch die Schädigung der eigenen Person bewirkt; andere Menschen zu fördern und ihnen zu nutzen hat dagegen in den allermeisten Fällen auch eine förderliche und nützliche Rückwirkung auf uns.

„Wer mag mich, wer lehnt mich ab?"

Sind es nicht meist Menschen, denen wir schaden, die uns ablehnen? Sind es nicht Personen, zu deren Wohlbefinden und Gedeihen wir Gutes beigetragen haben, die uns schätzen und gern mögen?

Für mich steht fest: Wenn ich einem Menschen Gutes getan habe und er zeigt mir gegenüber Abneigung – dann ist er kein Partner für mich. Für meine guten Leistungen zu seinem Wohle erwarte ich auch entsprechende Gegenleistungen, ob diese nun aus Dank, Liebe, Sympathie oder Bezahlung bestehen. Denn wenn ich nicht empfangen würde, könnte ich auch nicht geben. Das gilt im seelischen wie im materiellen Bereich.

Aber noch ein weiterer interessanter Gedanke spielt hier herein. Wenn Du Menschen kennenlernen möchtest, versuche herauszufinden, wie Du für sie etwas tun kannst, das sie erfreut, das sie glücklich macht oder welche Hobbys sie haben, welche Dinge sie gern tun, was sie interessiert. Stelle Dir einmal vor: Dein Lehrer sammelt Briefmarken, und Dir schreibt ein Verwandter aus Australien mit einer Sondermarke. – Das wäre schon eine Möglichkeit.

Es sind gar nicht immer die großen, außergewöhnlichen Nutzenbiete-Leistungen, die uns Freunde schaffen helfen, die uns Freude machen. Es sind viele Kleinigkeiten, die in der Summe für uns Sympathie, Zuneigung und Wertschätzung bewirken.

Wen lehnst Du ab? Warum?

Gewiß gibt es auch Menschen, die Du ablehnst. Das können Menschen aus Deiner eigenen Umgebung oder aber solche sein, von denen Du durch Zeitungen und Fernsehen hörst oder gar durch die Geschichte erfährst. Überlege Dir doch einmal, warum Du diese Menschen ablehnst. Welche Eigenschaften haben diejenigen, die Dich stören? Ein junger Mann sagte mir einmal: „Ich lehne Snobs ab. – Aber ich weiß gar nicht recht, warum." Er suchte weiter und fand dann heraus, daß versnobte Menschen sich häufig als etwas Besseres fühlen als andere, daß sie gar verächtlich auf andere herabschauen. Und diese menschenverachtende Haltung war es, die er ablehnte. Nachdem er sich mit diesen Überlegungen noch länger auseinandergesetzt hatte und mit mir ins Gespräch ging, stellte er fest, daß er die Snobs im wesentlichen deshalb ablehnt, weil sie in ihrer Überheblichkeit ohne außergewöhnliches Nutzenbieten leben.

Selbstbewußte Menschen, die wissen, daß sie besonderen Wert haben, weil sie ihren Mitmenschen außergewöhnlichen Nutzen bieten, empfindet er gar nicht als Snobs. Als Snobs bezeichnet er immer solche, die sich ohne jegliches Nutzenbieten etwas auf sich einbilden. Das können Menschen sein, die sich als besonders schön empfinden, obwohl sich keiner selbst gestaltet hat, das können Menschen sein, die auf den Reichtum der Eltern besonders eingebildet sind, den sie selbst nicht verdienten. Und selbst, wenn einer versnobt ist, weil er eine außergewöhnliche Leistung vollbracht hat — ein bißchen Bescheidenheit würde ihm durchaus gut anstehen.

Aus dem, was wir an anderen Menschen ablehnen, können wir auch erkennen, was wir selbst nicht wollen, wie wir nicht werden wollen. Denn wer wünscht sich schon eine Eigenschaft, die er an anderen ablehnt?

„Wen bewundere ich? Warum?"

 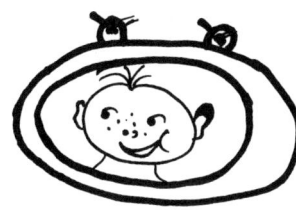 

So — und nun wollen wir herausfinden, was wir an anderen Menschen bewundern.

Es können Menschen der Vergangenheit sein. Es kann sich aber auch um Freunde oder Familienmitglieder handeln, die wir wegen gewisser Eigenschaften besonders bewundern. Wir sagen, es seien gute Eigenschaften, die wir an diesen Menschen besonders schätzen. Es ist aber eine Tatsache, daß wir gute Eigenschaften, die wir an anderen schätzen, auch gern selbst hätten.

Überleg Dir also, was Du schätzt, was Du an wem schätzt und überleg Dir auch, wozu Du selbst diese Eigenschaft haben möchtest. Was würdest Du damit bewirken?

Ein Mädchen erzählte mir neulich, daß sie die Ruhe und die Freundlichkeit bewundere, die ihre Freundin immer ausstrahle. Gleichzeitig setzte sie hinzu: „Ich möchte auch gern im Freundeskreis meinen Freunden so gut zuhören können und sie durch ein freundliches Wort, durch Zustimmung ermuntern können, wie das meine Freundin kann. — Ich habe nämlich festgestellt, wie sich Probleme, die mir unlösbar schienen, plötzlich verkleinerten, und daß ich Lösungen finden konnte, weil mir meine Freundin mit Ruhe zuhörte und das Ganze gar nicht so aufregend fand wie ich."

Eine andere sagte mir, daß sie Goldschmiedin werden wolle wie ihr Onkel, der immer viele interessante Ideen habe und diese auch mit ruhiger Hand, Ausdauer und Geschicklichkeit in schöne kleine Werke umsetzen könne. Ihr Wunschtraum ist es, später einmal nicht mit Brillanten und teuerstem Edelmetall Schönes zu schaffen, sondern mit farbenfrohen Materialien ausgefallenen Schmuck für junge Leute herzustellen, den sich diese auch leisten können.

Es ist eine psychologische Gesetzmäßigkeit: was wir bewundern, ziehen wir an — können wir also selbst auch erreichen. Was wir aber neiden, entzieht sich uns, der Neid hindert uns, das Geneidete zu erreichen.

Kürzlich habe ich den weltberühmten Pantomimen Marcel Marceau gesehen. Aus seiner Biographie erfuhr ich, daß er schon als kleiner Junge Charly Chaplin sehr bewunderte. Dieser große Schauspieler weckte in ihm den Wunsch, ohne Worte Gefühle und Seelenregungen ausdrücken zu können. Nun, wer je Marcel Marceau erlebt hat, weiß, daß ihm gelang, was er bewunderte und ersehnte.

Welche Wünsche hast Du gefunden?

Du hast bis hierher schon eine Menge über Dich und Deine Umwelt, Deine Mitmenschen nachgedacht. Überlege doch einmal, welche Wünsche sich für Dich daraus ergeben. Das kann im Zusammenhang mit der Schule sein, das kann Dein Hobby, Deine Interessenge-biete betreffen, das kann einen Freund, eine Freundin angehen. Es kann sich um Berufswünsche handeln. Das kann beinhalten, mit wem Du besser klarkommen möchtest. Denke einfach mal fröhlich darauf los, was Du Dir wünschen würdest, wenn es ausreichte, einfach drauflos zu wünschen.

Na, hast Du Dir gedanklich eine Wunschliste erstellt? Aber inzwischen weißt Du ja, wie das so ist mit dem Denken, ohne die Ideen aufzuschreiben. Da kommen Gedanken, die vergehen wieder, und in einer Woche weißt Du gar nicht mehr, was Du Dir gedacht hast, wel-che guten Ideen Du gehabt hast.

Wie Du Dich selbst kennenlernst

Deshalb findest Du nun eine Liste von Fragen, die Du Dir beantworten solltest — aber bitte nicht mehr im Kopf. Schreibe die Antworten auf. Notiere auch das Datum, an dem Du diese Fragen beantwortest. Der Grund dafür: Wenn Du das wieder einmal machst, wirst Du verblüfft feststellen, daß manche Antworten sich sehr geändert haben, andere wiederum Dir noch klarer geworden sind. Nimm also Bleistift, Papier und auch ein großes Radiergummi zur Hand und schreibe Dir die Antworten auf die folgenden Fragen auf. Diese Antworten solltest Du niemandem zeigen, denn nur so wirst Du ehrlich Dir selbst gegenüber sein und auch keine Scheu haben, Dinge niederzuschreiben, die andere Personen betreffen. Außerdem mußt Du dann nicht lange überlegen, wie dieses oder jenes Wort geschrieben wird.

Manche Fragen werden Dir schwierig erscheinen, andere wirst Du vielleicht noch gar nicht beantworten können — das macht nichts. Diese Fragen werden in Dir jedoch Überlegungen in Gang setzen, die Dir gewiß für Deinen Lebenserfolg nützlich sein werden.

„Wie erkenne ich mich selbst?"

Wenn Du zu einem späteren Zeitpunkt dieses Buch wieder einmal zur Hand nimmst, wirst Du sie mit Sicherheit ausführlicher antworten können und auch Antworten wissen zu den Fragen, die Dir jetzt noch unklar sind.

Bei diesen Überlegungen wird Dir immer eindeutiger bewußt werden, wofür Du leben magst; wofür Du die Herausforderungen des Lebens, die Anstrengungen, die Hürden nehmen möchtest. Du wirst erkennen, welche Ziele Dich so sehr locken, daß die Schwierigkeiten Dich nicht abschrecken können.

Zielfindungsanalyse

A− Welche für mich wichtigen negativen Ereignisse gab es in meinem bisherigen Leben? (Aus den Bereichen Familie, Freunde, Umgebung, Schule, Ferien, Hobby.) Was war bedrückend, enttäuschend, ein bedeutendes Mißerfolgserlebnis?

A+ Welche für mich wichtigen positiven Ereignisse gab es in meinem bisherigen Leben? (Aus den Bereichen Familie, Freunde, Umgebung, Schule, Ferien, Hobby.) Wann erlebte ich welches Glück, welche Freude, welchen Erfolg? Worauf bin ich stolz?

B− Welche Menschen beeinträchtigen mein Gedeihen? Wer behindert mich, wer versetzt mich in tiefe Mißstimmung, wer schadet mir? Warum?

B+ Welche Menschen fördern mein Gedeihen, meinen persönlichen Lebenserfolg, in wessen Gesellschaft fühle ich mich wohl? Warum?

C− Welche Gegenstände in meiner jetzigen Situation behindern mein Gedeihen, meine Leistungsfähigkeit, meine gute Stimmung?

C+ Welche Gegenstände in meiner jetzigen Situation nutzen mir, fördern mein Gedeihen, meine Leistungsfähigkeit, meine gute Stimmung?

„Wie erkenne ich mich selbst?"

D – Welche Situationen und Umstände sind für mich unangenehm?
D + Welche Situationen und Umstände sind für mich besonders angenehm?

E – Was tue ich besonders ungern?
E + Was tue ich besonders gern?

F – Was stört mich an mir?
Womit schade ich mir?
Womit schade ich anderen?

F + Womit fördere ich andere?
Mit welchen meiner Kenntnisse und Fähigkeiten biete ich wem welchen Nutzen?
Womit könnte ich in Zukunft wem Nutzen bieten?

G – Wer lehnt mich ab? – Warum?
G + Wer mag mich? – Warum?
Wem möchte ich in Zukunft ein Wert sein?
Wodurch – Wie?

H – Welche Eigenschaften anderer Menschen lehne ich zutiefst ab? – Warum?
H + Welche Eigenschaften anderer Menschen bewundere ich so sehr, daß ich diese auch erreichen möchte?

Was will ich damit bewirken?

I Du hast nun aufgeschrieben, was Du ablehnst, was Dich belastet, aber auch, was Dich erfreut, was Du ersehnst und was Du in Deinem Leben erreichen willst. Daraus ergeben sich für Dich Wünsche und Ziele; schreibe diese hier auf, auch wenn sie Dir jetzt noch unerreichbar erscheinen.

K Welche Kenntnisse und Fähigkeiten willst Du erwerben, um diese Wünsche und Ziele im Verlauf Deines Lebens zu verwirklichen und zu erreichen? Schreibe auch sie auf Deine Wunsch- und Zielliste.

„Prioritäten", eine wichtige Sache

Uff! Bist Du geschafft? Das war ein hartes Stück Arbeit, aber sicher hat es Dir auch Spaß gemacht.

Jetzt stehst Du also vor einem – hoffentlich – riesigen Berg von Wünschen und Zielen, die Dein Leben lebenswert machen. Übrigens – das sind **Deine** Wünsche und Ziele. Selbst wenn es einmal hart werden sollte, sie anzustreben, denke daran, daß **Du** sie Dir gesetzt hast. Aber jetzt, wie anfangen? Daß alles auf einmal nicht machbar ist, weißt Du. Der Besitz eines Autos nutzt wenig, wenn man nicht auch den Führerschein hat – das ist selbstverständlich. Wenn Dein gegenwärtiger Schreibtischstuhl Dich zwickt und zwackt, ist dies dringender und wichtiger als die Gründung Deines zukünftigen eigenen Unternehmens! Das ist doch klar – oder?

So, um also eine gewisse Reihenfolge in die Wünsche und Ziele zu bringen, setzen wir „Prioritäten", das heißt, wir geben den Wünschen und Zielen und auch den Kenntnissen und Fähigkeiten, die Du erwerben möchtest, Nummern in der Reihenfolge, in der Du sie verwirklichen willst. Dieses „Prioritäten setzen" ist eine der wichtigsten Voraussetzungen, um Erfolg zu haben.

Mein größtes Problem war immer, alles auf einmal tun zu wollen. So hatte ich tausend Dinge angefangen und keines beendet. Kennst Du diese Situation? Mit der Numerierung der Reihenfolge, in der wir Wünsche und Ziele verwirklichen wollen, geben wir uns selbst eine gewisse Ruhe. Wir wissen, welche Dinge noch Zeit haben und welche wir unbedingt erledigen müssen.

Ich bin davon überzeugt, daß Du im Schulalltag diese Dinge recht gut beherrschst. Kennst Du den Ausdruck „Saisonarbeiter"? – Also, bei mir und einigen Mitschülern war es so, daß wir zum Versetzungszeugnis besonders gut gearbeitet hatten und in der Zeit bis zum Zeugnis des ersten Halbjahres ein bißchen mehr unseren Hobbys und Interessen frönten. – Die höchste Priorität hatte in diesem Zeitpunkt nicht die Schule. Die Lehrer nannten uns deshalb „Saisonarbeiter", weil wir nur zur „Versetzungssaison" kräftig arbeiteten.

Kapitel 2

Lebensziel

Welches Ziel hast Du?

Ich habe ein Bilderbuch, das heißt: „Große dürfen alles!" (Das ist ein Hobby von mir: Bilderbücher mit besonders schönem Inhalt oder mit sehr künstlerischer
Ausstattung zu sammeln.) Gerade in Bilderbüchern
und Märchen sind sehr viele Lebensweisheiten verschlüsselt dargestellt, und zwar auf eine so schöne
Weise, daß sie Kindern Freude bereiten und Erwachsenen oft weiterhelfen können, das Leben und seine Ge-

Lebensziel

setze zu verstehen. Im Bilderbuch „Große dürfen alles" beschreibt ein kleiner Junge, was er alles tun wird, wenn er groß ist. Er wird vor jeder Mahlzeit eine Tafel Schokolade essen; er wird den Pullover falsch herum tragen, bei Tisch mit den Beinen baumeln, mit Wonne in Pfützen springen und vieles mehr. – Nur, zum Schluß wundert er sich, weshalb die Großen, die ja die Macht haben, das alles zu tun, nicht mit den Beinen baumeln, den Pullover nicht falsch 'rum tragen und auch vor der Mahlzeit keine Tafel Schokolade essen. Der kleine Junge hatte ein Ziel, warum er groß werden wollte: er wollte das alles tun dürfen.

Natürlich wirst Du Dir andere Dinge wünschen als vor dem Essen eine Tafel Schokolade vernaschen zu dürfen. Welches Ziel hast Du also?

Ein Leben ohne Ziel ist ein Leben ohne Sinn

Viele Menschen haben ein Ziel, ohne daß es ihnen bewußt ist.

Eine Mutter hat fast immer den Wunsch, eine gute Mutter für ihr Kind zu sein, auch wenn sie dieses Ziel nie ausgesprochen oder gar aufgeschrieben hat. Sie wird sich in den meisten Fällen von diesem Ziel nicht abbringen lassen.

Lebensziel

Ein Ziel jedoch, daß uns bewußt ist und an das wir immer wieder erinnert werden, wenn wir es lesen, verleiht uns viel mehr Kraft, um es zu erreichen. Ein schriftlich formuliertes Ziel hilft über Zeiten hinweg, in denen wir an der Ziel-Verwirklichung nicht arbeiten können.

Nehmen wir wieder das Beispiel der Mutter: Eine junge Frau will Schriftstellerin werden. Sie hat bereits erfolgreich als Journalistin gearbeitet, heiratet und bekommt kurz nacheinander zwei Kinder. Da fällt soviel Arbeit an, daß sie in den ersten Lebensjahren der Kinder kaum zum Schreiben kommt. Wenn sie aber immer wieder an ihr Ziel denkt, ja wenn sie sogar nachlesen kann, wie schön es sein wird, eine große Schriftstellerin zu sein, dann bleibt sie zuversichtlich und auch aktiv. Sie wird jede freie Minute nutzen, um an ihrer Zukunft und zweiten Karriere zu arbeiten, um Ideen zu sammeln für Zeitungsartikel oder gar ihr erstes Buch.

Gewiß wird diese junge Frau viel glücklicher das Heranwachsen ihrer kleinen Kinder genießen, als manch eine Mutter, die den Kindern zuliebe ihren Beruf „aufgibt" und oft so tut, als würde sie sich aufopfern.

Ein schönes Ziel macht geduldig

Wie geduldig ein schönes Ziel macht, wirst Du aus den Beispielen des Wernher von Braun und Heinrich Schliemann erkennen. Wernher von Braun hat schon in seinen ersten Studienjahren darüber nachgedacht, wie man es anstellen müsse, damit Raketen andere Himmelskörper erreichen könnten. Er wurde damals verlacht. Wissenschaftler waren zu jener Zeit der Meinung, daß Menschen nie eine derart große Energie entwickeln könnten, die es ermöglichen würde, der Erdanziehung zu entrinnen und andere Planeten zu erreichen. Wernher von Braun aber verlor sein Ziel nie aus den Augen. Wieviel Erfolg er damit schließlich hatte, ist Dir bekannt.

Weißt Du auch einiges über den Lebensweg von Heinrich Schliemann? Als er die Verse Homers über die Geschichte der Griechen las, meinte er, ein so kluger Mensch könne doch nicht nur phantasiert haben. Die Stadt Troja müsse es gegeben haben, da sie in Homers Texten soviel Bedeutung hatte.

Er wurde verlacht, denn niemand glaubte an die Existenz der Stadt Troja. Schliemann aber wußte in seinem Innern: „Ich finde Troja!" Diese sagenumwobene Stadt zu suchen, war eine Frage von sorgfältiger Planung, sorgfältigem Vorgehen und der Verfügbarkeit von viel Geld. Schliemann sah keinen anderen Weg, als „reich zu werden". Er wählte den Weg des Kaufmanns. Mit diesem Beruf hatte er soviel Erfolg, daß er sehr wohlhabend wurde, reich genug, um zu suchen und zu graben, bis er Troja fand. Es dauerte bis zu seinem vierzigsten Lebensjahr — dann konnte er seine erste Expedition finanzieren und ausrüsten.

Erst die Geduld und Ausdauer, die ein Mensch über Jahre und Jahrzehnte hinweg aufbringt, zeigt, ob sein

Wunsch stark genug ist, ob er wirklich sein Lebensziel ist.

Hast Du Dir also schon einmal Gedanken darüber gemacht, welche Wünsche Du in Deinem Leben verwirklichen willst?

Stell Dir vor, es gäbe die gute Fee

Lebensziel

Stell Dir einmal vor, es gäbe die gute Fee, von der im Märchen so oft die Rede ist. Die Fee, die zu Dir kommt und sagt: „Du hast im Leben drei Wünsche frei" und die Dir hilft, diese drei Wünsche zu verwirklichen. Das ist eine so wichtige und großartige Angelegenheit, daß Du jeden Wunsch, den Du an diese gute Fee richtest, auf ein eigenes Blatt Papier schreiben solltest.

Also mache jetzt eine Lesepause und schreibe Deine drei Wünsche auf.

Eigentlich hast Du jetzt den Sinn Deines Lebens niedergeschrieben. Wenn es wirklich Deine drei bedeutendsten Wünsche sind, die Du da formuliert hast, so ist der Sinn Deines Lebens auf dieser Welt kein anderer, als diese Wünsche zu verwirklichen. Bist Du Dir auch bewußt, daß Dein Leben sinnlos wird, wenn diese Wünsche verwirklicht sind? Hast Du deshalb hoch genug gegriffen? Hast Du nach den Sternen gegriffen?

Viel Anerkennung gibt's für großes Nutzenbieten

Bedenke dabei aber: die Menschen werden Dir soviel Wertschätzung, Zuneigung, Anerkennung und Bedeutung beimessen und Dir soviel materielle Vergütungen geben, wie Du zu ihrem Gedeihen, zu ihrem Wohlbefinden, zu ihrem Erfolg und zu ihrem Glück beitragen kannst.

Hast Du in Deinen drei Wünschen auch erfaßt, welchen Nutzen Du den Menschen bieten willst, damit Du die Gegenleistungen erhältst, die Du Dir ersehnst? Du darfst nun als vierten Wunsch noch ein weiteres Blatt beschreiben und darauf darstellen, welche Nöte oder Probleme von Mitmenschen Du lösen helfen willst, um anerkannt oder wohlhabend zu werden.

Wichtig ist bei Deinen Wünschen, daß Du Dir nur das wirklich wünschst, was Du in Deinem Leben selbst tun, erreichen oder verwirklichen willst.

Ich sprach mit Jugendlichen, von denen einige sagten: „Ich wünsche mir, daß Frieden ist". Ein Mädchen sagte: „Keiner soll mehr Hunger leiden auf dieser Welt" und einer meinte sogar: „Alle Umweltverschmutzer gehören abgeschafft". Das sind natürlich Wünsche, die uns alle bewegen, aber nur, wenn Du bereit bist, selbst beizutragen zu diesem Frieden, zu diesem Umwelt-

schutz, ist Dein Wunsch auch wirklich von Dir ernstge-
meint.

Also noch einmal: Denke daran: Nur was **Du tun
willst**, nicht, was **andere tun sollen**, gehört in diese
Wunschliste.

Diese Wunschliste ist eine Vorstufe zu Deinem Lebensziel.

Deshalb mache bitte keine Abstriche bei der Formulierung Deiner Wünsche. Mag die Umwelt sagen, was sie
will. Wenn es Dir gelingt, den zu Deinen Zielen notwendigen Nutzen für Deine Mitmenschen zu bieten, ist
kaum ein Ziel zu hoch.

Ein junges Mädchen sagte mir beispielsweise bei der
Formulierung ihres Lebensziels: „Ich möchte gerne einmal ein Hotel oder gar eine Hotelkette leiten, die besonders kinderfreundlich ist. Ich habe nämlich festgestellt, daß gerade Kinder in Hotels immer sehr stiefmüt-
terlich behandelt werden."

Ein anderes Beispiel. Ein Junge formulierte einmal so:
„Ich möchte eine Erfindung machen, die die Menschen
wirklich brauchen können." Er weiß noch nicht, welche

Kapitel 2

Erfindung es sein wird, aber der große Wunsch, den Menschen zu helfen, ist in ihm sehr stark verankert.

Ein junger Mann erzählte mir, daß er schon mit sechs Jahren behauptet habe: „Ich schreibe einmal ein Buch". Dieser junge Mann ist Journalist geworden und hat in der Zwischenzeit tatsächlich ein Buch geschrieben. Manchmal sind es also auch schon Wünsche aus allerfrühester Kindheit, die zeigen, wohin man will. Dieser junge Mann will weitere Bücher schreiben. Sein Lebensziel ist es, ein bekannter Schriftsteller zu werden. Nun — der Anfang ist gemacht.

Mit der „Zeitmaschine" in die Zukunft

Nun zurück zu Dir. In Deiner Wunschliste steht, was Dir in diesem Leben für Dich bedeutend erscheint.

Nun stell Dir einmal vor, Du könntest mit einer „Zeitma-

schine" in die Zukunft reisen und siehst auf einem ge-
heimnisvollen Bildschirm Dein Leben von heute bis zum
80. Lebensjahr ablaufen. Und nun stelle Dir weiter vor,
daß Du eingreifen könntest in diesen Ablauf, daß Du
durch Deine Wünsche und Ziele und natürlich durch
Dein Handeln Dein Leben selbst gestalten kannst. Was
würdest Du Dir für Dein Leben wünschen?

Schau Dir noch einmal Deine Wunschliste mit den vier
Wünschen an. Wären diese Wünsche es wert, Dein Lebensziel zu werden?

Magst Du für die Verwirklichung dieser Wünsche leben
und alle Schwierigkeiten und Anstrengungen auf Dich
nehmen? Oder willst Du jetzt eine neue Liste mit Deinem Lebensziel erstellen?

Vier Fragen zum Lebensziel

Bevor Du Dein Lebensziel neu schreibst, überlege Dir bitte Antworten auf die folgenden vier Fragen:

1. Welche mitmenschlichen Wunschziele hast Du? (Mit wem willst Du Dein Leben leben? Lebensgefährte, Kinder, Freunde, berufliche Partner? Wem willst Du helfen und Nutzen bieten? Welcher gemeinschaftsnützlichen Aufgabe willst Du dienen?)
2. Welche materiellen Wünsche hast Du an Dein Leben? (Einkommen, Besitz, Vermögen)
3. Welche Anerkennung wünscht Du Dir in diesem Leben? (Welche Bedeutung, welche Zuneigung, welche Wertschätzung willst Du genießen können – beruflich, ehrenamtlich und privat?)
4. In welcher gesundheitlichen Verfassung möchtest Du sein, wenn Du in höherem Alter bist?

So, und nun nimm ein schönes Papier zur Hand und versuche, recht ausführlich Dein Lebensziel zu beschreiben. Bitte schreibe unbedingt mit Bleistift, damit Du später radieren und ändern kannst, wenn Du bessere Ideen gefunden hast.

Jetzt schreibst Du natürlich nur Dein Ziel auf und beschreibst nicht den Weg, wie Du dort hingelangen willst; denn manches wird Dir wahrscheinlich noch gar nicht klar sein, und Du wirst kaum wissen, wie Du dorthin kommen kannst.

Schreibe dabei bitte auch auf, wie alt Du werden willst und denke daran, daß manches Ziel, wenn es sehr hoch gesteckt ist, für Dich wohl erst in einigen Jahrzehnten verwirklicht sein kann.

Mit weiteren Planungsmitteln, die ich Dir in diesem Buch noch vorstellen werde, wirst Du sehen, wie Deine hochfliegenden Pläne und Ziele machbar werden.

Das Lebensziel eines Sechzehnjährigen

Hier nun als Beispiel das Lebensziel eines Sechzehnjährigen.

Lebensziel

Wer will ich werden? Wie soll mein Leben verlaufen? Wofür mag ich leben?

Ich habe meinen Traumberuf gefunden und übe ihn mit Erfolg aus. (Computertechniker, Designer, Fotograf, Journalist?)

Ich möchte viel Gutes tun können (im Beruf und auch im privaten Leben). Ich möchte gesund sein bis ins hohe Alter.

Irgendwann (so um die Dreißig) möchte ich heiraten und später zwei bis drei Kinder haben.

Meine Frau und ich verstehen uns sehr gut. Wir haben viele gemeinsame Interessen (Beruf? Hobby?) und machen vieles gemeinsam.

Wir setzen uns auch für eine gute Sache ein (behinderte Kinder?).

In meinem Beruf bin ich sehr erfolgreich und bekomme viel Anerkennung.

Ich lebe mit meiner Familie in einem schönen Haus in der Natur, aber nahe einer größeren Stadt.

Wir haben viele Freunde.

Kapitel 3

Periodenziel

Der Sieben-Jahres-Rhythmus

Du hast jetzt die Wünsche aufgeschrieben, die Du in Deinem Leben verwirklichen willst. Ich denke, es sind sehr schöne Wunschträume. Aber — wie schaffen wir jetzt die Verbindung zur Wirklichkeit?

Diese Verbindung soll nun das Periodenziel schaffen, das Du als nächstes schreiben wirst.

Unsere moderne Zivilisation hat die früher sehr deutlichen Lebensperioden etwas verwischt, aber eine Einteilung nach einem Sieben-Jahres-Rhythmus scheint auch heute noch sinnvoll. Die ersten sieben Jahre eines Lebens sind die Kindheitsjahre, etwa bis zum 14. Lebensjahr kommen die Schuljahre, daran schließen sich Lehr- und Gesellenjahre bis zum 21. Lebensjahr oder ein Studium an. Die richtige Stabilisierung im Beruf erfolgt etwa bis zum 28. Lebensjahr. Außergewöhnliche Führungspositionen, in denen man Verantwortung tragen muß, werden meist in der Periode bis zum 35. Lebensjahr oder auch noch später erreicht.

Die moderne medizinische Forschung hat ebenfalls nachgewiesen, daß sich, mit Ausnahme der Gehirnzellen, alle menschlichen Körperzellen im Rhythmus von sieben Jahren erneuern.

Dies zur Erklärung dafür, daß ich Dir als Periodenziel-plan einen Sieben-Jahres-Zeitraum empfehle.

Das heißt, wenn Du noch keine 19 bist, wirst Du einen Periodenzielplan bis zum 21. Lebensjahr erstellen.

Du beschreibst also in Deinen Periodenziel-Darstellungen, wo Du am Ende Deiner dritten Lebensperiode, also mit Ablauf Deines 21. Lebensjahres, stehen willst und was Du bis dahin erreicht haben wirst.

Bist Du aber schon 19 Jahre oder älter, so beschreibst Du, wo Du am Ende Deiner vierten Lebensperiode, also nach Ablauf Deines 28. Lebensjahres, stehen willst und was dann erreicht sein soll.

„Ich erstelle meinen Periodenzielplan"

So, und jetzt nimmst Du wieder ein Blatt Papier, den Bleistift und das Radiergummi und schreibst als Überschrift **„Was will ich am Ende meines** (und jetzt fügst Du bitte ein 21. oder 28.) **... Lebensjahres erreicht haben?"**

Am zweckmäßigsten gehst Du in der Reihenfolge der folgenden Fragen vor. Nimm Dir für jede Frage ein Blatt, damit Du immer noch Platz hast für spätere Ergänzungen.

1. Was willst Du mitmenschlich erreicht haben – im Leben mit der Familie, mit einem Partner oder einer Partnerin, mit Freunden und beruflichen Partnern?
2. Auf das zweite Blatt schreibst Du, was Du beruflich, schulisch oder hinsichtlich Deiner Ausbildung erreicht haben willst.
3. Auf das dritte Blatt kommt, wie Du Dir Deine materielle Situation vorstellst, d.h., was Du bis dahin verdienen oder besitzen willst.
4. Auf ein viertes Blatt schreibst Du, welche Leistungen Du erbracht haben willst, wofür Du Anerkennung bekommen möchtest. Dort wirst Du aufschreiben, welche schulischen Erfolge Du bis dahin erreichen möchtest, welchen Ausbildungsweg Du eingeschlagen haben wirst (Lehre und/oder Studium). Ja, oder gar welche Ausbildung Du bis dahin beendet haben willst. Dann solltest Du ganz besonders deutlich auch noch darstellen, welchen Nutzen Du wem geboten haben willst.
5. Auf dem fünften Blatt beschreibe bitte auch die gesundheitlichen Wünsche, Ziele und Vorstellungen, die Du hast. Wo willst Du am Ende der Lebensperiode stehen, die Du in dieser Zielbeschreibung dargestellt hast?

Muster eines Periodenzielplanes

Ein Junge zeigte mir einmal eine Kurzfassung seines
Periodenzielplanes, die wie folgt aussah:

Periodenzielplan

Was will ich bis zum 21. Lebensjahr erreicht haben?

a) Abitur bestanden.
*b) Wunschberuf gefunden und entsprechenden Ausbil-
dungsweg geklärt.*
  a) Studienplatz erhalten.
  b) Lehr- oder Praktikantenstelle gefunden.
*c) Nichtraucher, weil ich für meine Ziele gesund sein
will.*
d) Durch Ferienarbeit Führerschein verdient.
e) Führerschein bestanden.
*f) Durch Ferienarbeit und Sparen (Geldgeschenke der
Verwandtschaft mit einbezogen) habe ich mir einen
Gebrauchtwagen gekauft.*
*g) Fotos und Texte von mir wurden in Lokalzeitungen
veröffentlicht.*
*h) Ich habe eine nette Freundin gefunden, die mich
versteht, die auch gern fotografiert und Texte zu
meinen Fotos schreibt.*

Die Brücke zwischen Alltag und Wunschtraum

Nimm dieses Beispiel nicht als Leitlinie für Deine Perio-denziel-Beschreibung. Suche, was für Dich ein erle-bens- und erstrebenswertes Ziel sein kann. Beschreibe nur, wofür Du bereit bist, Dich anzustrengen und Dein Bestes zu geben. Natürlich wirst du auch erwähnen, was Du in dieser Zeit genießen willst, was das Erfreuli-che Deines Lebens sein soll und was Dich glücklich machen kann. Denke dabei immer: Du beschreibst hier eine große Etappe zu Deinem Lebensziel. Es ist die Brücke zwischen dem, was Du im Alltag tun mußt, um voranzukommen, und dem, was Du als Dein „Wunsch-traum-Ziel" — eben als Lebensziel — beschrieben hast.

Periodenziel

Es ist ein für Dich gerade noch überschaubarer und abwägbarer Zeitraum, den Du hier als Ziel anstrebst.

Laß Dich für diese Jahre in Deiner Zielwahl nicht von dem abbringen, woran Dein Herz hängt.

Woher nehme ich aber die Sicherheit, Dich zu „scheinbar unverschämten" Zielen zu verlocken – zu ermuntern?

In jahrelangen Erfahrungen des HelfRecht-Studienzentrums hat sich gezeigt, daß Menschen, die ihre Zukunft mit guten und bewährten Planungsmitteln schriftlich vorausbedenken, allen planlos Lebenden um einige Nasenlängen voraus sind.

Es hat sich erwiesen, daß fast jeder seinen Traumberuf erreichen kann, auch wenn beispielsweise der Lehrstellenmangel ihn vorübergehend für einige Jahre zu anderer Tätigkeit zwingt.

„Nutzenbieter" sind gefragt

Jeder Vorgesetzte, jeder Personalchef und jeder Unternehmer wählt in dieser Zeit des Lehrstellenmangels jene Leistungs-Anbieter, die deutlich sagen können, welchen Nutzen sie dem Unternehmen oder der Abteilung bieten wollen. Wenn Dir jedoch das Nutzenbieten klar ist und Du die Planungsmittel anwendest, die Du in diesem Buch kennenlernst, ist Dir eine ganze Menge mehr möglich als all den planlos und nur „fordernd" durchs Leben Gehenden. Man darf diese Menschen gar nicht als durchs Leben Gehende bezeichnen – es sind die, die geschoben werden. Sie werden von all jenen irgendwo hin geschoben, die planen und klare Ziele haben. Willst Du also geschoben werden oder Deinen Weg selbst gestalten?

Mit diesem Buch lernst Du eine Methodik, die sich bewährt hat und mit der Du recht eigenwillig Deinen Weg gehen kannst und Deine Ziele zu realisieren vermagst – unter der einzigen Voraussetzung, daß Du dabei möglichst viel Nutzen jenen Menschen bietest, die für Dich von Bedeutung sind.

Da können Dich dann weder ein Numerus clausus noch eine überfüllte Uni schrecken oder abhalten.

Nicht Wissen, Können ist Macht

Schule fürs Leben?

Der schulische
Bildungsabschluß
hat nur einen
bedingten Einfluß
auf die spätere
Stellung im Beruf.

Nennungen in Prozent
der Befragten der jeweiligen
Schul-Kategorie

Quelle: W. Sommer:
Bewährung des Lehrerurteils,
Bad Heilbrunn/Obb., 1982

© 37/1982
Deutscher Instituts-Verlag iwd

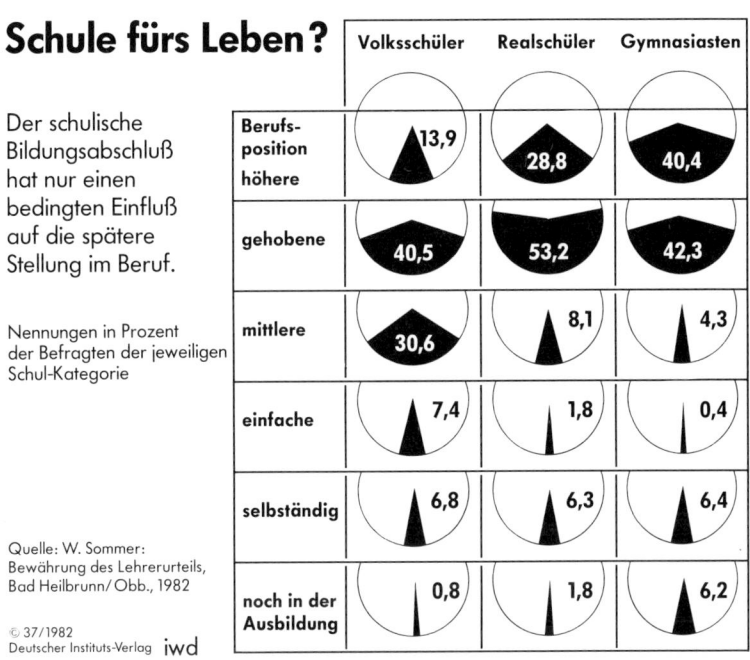

	Volksschüler	Realschüler	Gymnasiasten
Berufs-position höhere	13,9	28,8	40,4
gehobene	40,5	53,2	42,3
mittlere	30,6	8,1	4,3
einfache	7,4	1,8	0,4
selbständig	6,8	6,3	6,4
noch in der Ausbildung	0,8	1,8	6,2

Aber bedenke auch folgende Tatsache, die sich heute
mehr denn je zeigt:

Noch hat die akademische Ausbildung besonders viel
Anziehungskraft für die meisten Abiturienten. Das so-
ziale Ansehen der Akademiker ist relativ hoch.

Aber eines hat mich erstaunt: Es gibt Untersuchungen, nach denen das durchschnittliche Akademiker-Einkommen mit dem Facharbeiter-Einkommen gleichliegt. Sind dann der Zeitaufwand für die vielen Jahre des Studiums, der Verdienstausfall in dieser Zeit, die Kosten für das Studium noch gerechtfertigt?

Also, auch der Akademiker muß überdurchschnittlich Nutzen bieten, um überdurchschnittlich zu verdienen. Ein Studium ist folglich keine Gewähr, ohne besonderes Nutzenbieten Erfolg zu haben.

Daß die Selbständigen, die Führungskräfte der Wirtschaft – erfolgreiche Unternehmer – in gleich hohem Prozentsatz Volksschüler, Realschüler und Gymnasiasten sind – wußtest Du das?

Das Schaubild „Schule fürs Leben?", zeigt dir, daß die Schulbildung noch kein zuverlässiger Lebenserfolgsfaktor ist.

Wahrscheinlich hast Du schon die häufig zu findende Aussage gehört: „Wissen ist Macht". Nach unserer Erfahrung mit vielen tausend erfolgreich im Berufsleben stehenden Menschen aber ist es eine Tatsache, daß nur „Können ist Macht" zutrifft (gemeint ist das Können, außergewöhnlichen Nutzen zu bieten).

Periodenziel

Einige später besonders erfolgreiche Persönlichkeiten machten in ihrer Jugend ähnliche Erfahrungen:

Bismarck fiel im Abitur durch;
Churchill war jahrelang Klassenletzter;
Albert Einstein hatte auf dem Zeugnis stehen: „geistig träge!";
dem Erfinder James Watt wurde „schwer von Begriff" bescheinigt;
Edison war „Schlechtester der Klasse".
So gibt es noch viele Beispiele, daß aus schlechten Schülern sehr berühmte Persönlichkeiten wurden.

Sieh das bitte nicht als Aufforderung, nun unbedingt ein schlechter Schüler zu werden, denn gute Noten hindern nicht daran, eine Persönlichkeit zu werden!

Kapitel 4

Jahresziel

Dein Jahresziel, eine Etappe des geplanten Lebensweges

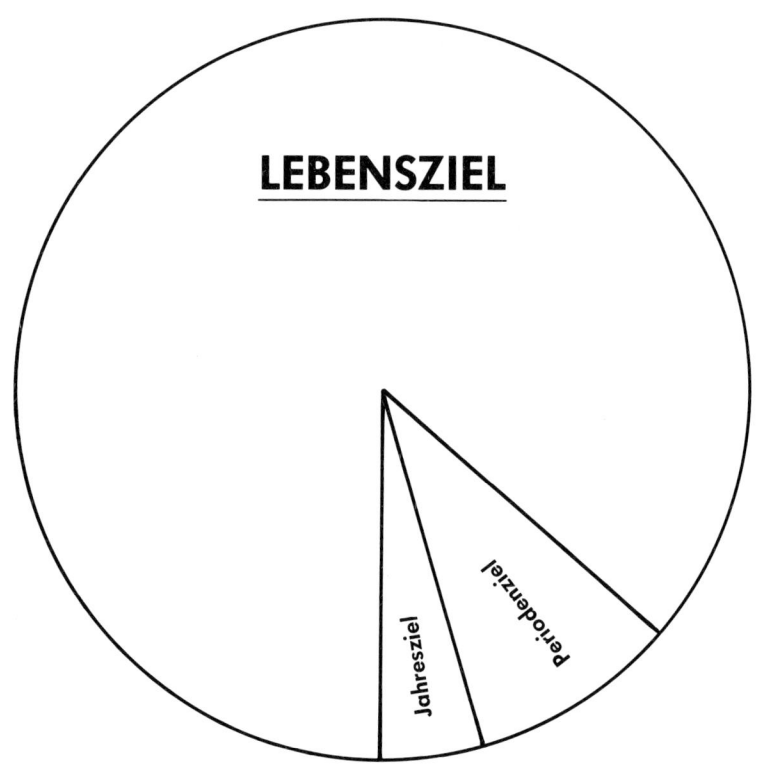

Jahres- und Periodenziel sind Teile des Lebensziels

Bei der Formulierung des Lebenszieles habe ich Dich dazu ermuntert, Deine innigsten Wünsche und Träume aufzuschreiben.

Das Periodenziel sollte einen großen Schritt in Richtung Deines Lebensziels darstellen.

Das jetzt folgende Jahresziel berücksichtigt die Wirklichkeit und ihre Notwendigkeit, sollte aber im Idealfall auch in Richtung Deines Lebensziels gehen.

Beachte also, daß der Jahreszielplan einen Schritt zu Deinem Lebensziel darstellt.

Ziele dürfen sich nicht widersprechen

Beachte auch, daß Du eine einheitliche, klare Zielrichtung in Deinen drei Zielentwürfen beschreibst.

Manche Menschen sind ein Leben lang fleißig – sie kommen aber deshalb nicht voran, weil sie an Zielen arbeiten, die sich widersprechen. Mein Mann bringt dazu oft das folgende Beispiel:

Nur die Entscheidung für eine klare Zielrichtung fördert den Erfolg

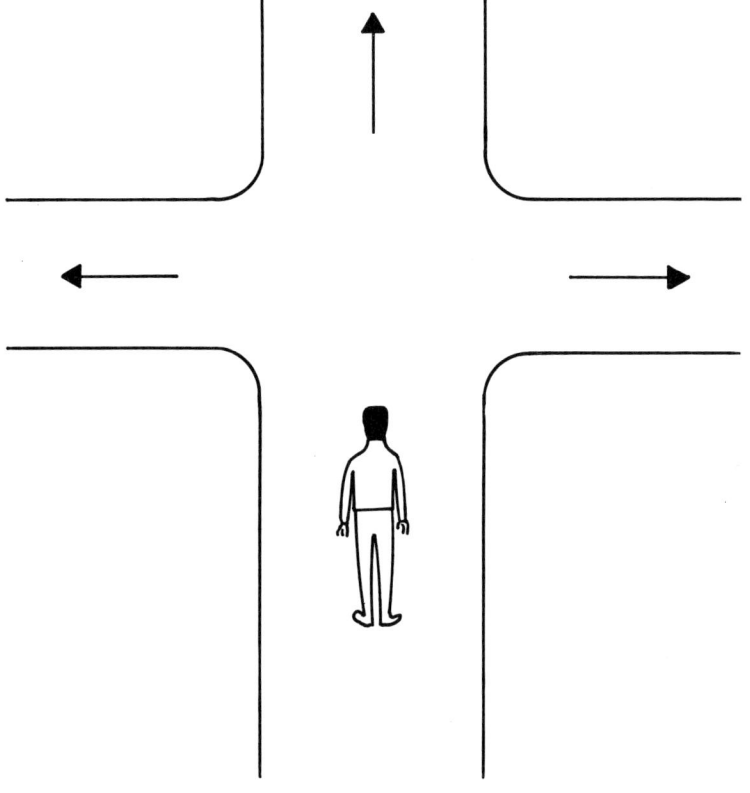

Jahresziel

Wenn an beiden Seiten einer Fuhre Heu ein Traktor angekoppelt ist und beide Traktoren mit Vollgas ziehen, dann gibt es viel Verschleiß und viel Energieverbrauch, aber der Wagen bewegt sich nicht voran. Es genügt, nur mit einem Traktor zu arbeiten und in eine klare Richtung zu steuern – da geht es mit halber Kraft oft sehr schnell voran. Das gilt auch für Dich: einander widersprechende Ziele würden Deine Kräfte verschleißen, sich aber zugleich gegenseitig aufheben.

Noch einige Denkanstöße dazu: ein Chirurg, von dem höchste Sensibilität in den Fingern gefordert wird, darf als Freizeithobby sicher nicht Holzfällerei betreiben – für den Klavierspieler und für den Violinkünstler gilt wohl dasselbe.

Das nebenstehende Schaubild zeigt Dir bildhaft, daß eine Entscheidung für eine Zielrichtung notwendig ist, um vorwärts zu kommen.

Dein Jahresziel für 19....

Für die Beschreibung Deines Jahresziels empfehle ich Dir die Verwendung von sieben Blättern Papier. Am besten gliederst Du wie folgt:

„Jahresziel 19..

Was will ich bis Ende 19.. erreicht bzw. abgestellt haben in den Bereichen:
A) Schule, Studium, Beruf
B) Familie
C) Freundschaft + Mitmenschen
D) Sport
E) Hobby
F) Gesundheit
G) Einkommen"

Muster eines Jahresziels

Gerne beschreibe ich Dir hier auch, was der junge Mann als Jahresziel formulierte, dessen Periodenziel-beschreibung ich Dir schon als Beispiel zeigte.

Jahresziel

A) Alle „gefährlichen" Noten auf 4 und 3 gebracht. Englisch und Deutsch: 2.

B) Mißstimmung zwischen Vater und mir abgestellt durch gut vorbereitete Gespräche und gegenseitige Rücksichtnahme.

C+E) Mit Klaus unsere Schülerzeitung „Klarsicht" in Schwung gebracht (Interviews + Reportagen über Beruf, um Berufsfindung zu erleichtern). Einmal im Monat einen Nachmittag in der Kinderstation vom Krankenhaus Geschichten vorlesen + Späße machen. Abwechselnd mit Klaus, Petra, Britta und Dirk. Erlebnisse dort für Schülerzeitung verwerten.

D) Tennis nur als Hobby betreiben! Training für Meisterschaften erfordert viel Zeit, die ich lieber in die Schülerzeitung stecke.

E) Meine „Fotoleidenschaft" mehr in Richtung Themen der Schülerzeitung lenken: Bildreportagen. Schnappschüsse.

F) Ich versuche, weniger Süßigkeiten zu essen und Limo zu trinken.

G) Bälle im Tennisverein aufzuheben macht mir keinen Spaß mehr und bringt auch nicht viel Verdienst. Ich versuche, mit Fotoverkauf mein Taschengeld aufzubessern. Herr Wormser, der Lokalreporter der Zeitung, kann nicht überall sein! Vielleicht kann ich manches für ihn fotografieren!

Kennst Du das Buch „Die Möwe Jonathan" von Richard Bach? — In märchenhafter Form beschreibt der Autor, wie Mutige durchaus ihren eigenen Weg gehen können, auch wenn Mutlose in der Umwelt dabei großes Geschrei machen. In einem anderen Buch schreibt Richard Bach folgendes:

„Niemals wird Dir ein Wunsch gegeben, ohne daß Dir auch die Kraft verliehen wurde, ihn zu verwirklichen! Es mag allerdings sein, daß Du Dich dafür anstrengen mußt. "

Aus meiner Erfahrung muß ich dazu aber ergänzen, daß die größten Anstrengungen planloser Menschen nicht viel nützen. Fleiß allein bringt's nicht. Das sorgfältige Vorausplanen des Handelns, der Anstrengung, vermindert den Aufwand erheblich und vergrößert die Erfolgswahrscheinlichkeit ganz außergewöhnlich.

Einfachste Planungsmittel dafür werde ich Dir in diesem Buch in den nächsten Kapiteln noch vorstellen. Es sind einfache, leicht anwendbare Planungsmöglichkeiten aus meiner Erfahrung mit einem persönlichen und unternehmerischen Planungssystem, wie es im HelfRecht-Studienzentrum in Bad Alexandersbad gelehrt wird.

Kapitel 5

Zeitplanung

Gustav Großmanns Glückstagebuch

Was nutzt der beste Jahresplan, wenn er in der Schublade verstaubt und nicht in die Tat umgesetzt wird? Wie aber denke ich daran, zu handeln, das zu tun, was ich mir vorgenommen habe?

Richtig! – Ich muß mich daran erinnern, oder mich daran erinnern lassen. Im allgemeinen werden solche „Erinnerer" Kalender genannt.

Gustav Großmann, der als erster ein zusammenhängendes Planungssystem entwickelte, und auf dessen Methode das HelfRecht-Planungssystem und die HelfRecht-Zukunftsplanung für Jugendliche aufbauen, nannte diesen „Erinnerer": „Mein Glückstagebuch".

Er gab ihm den Namen, weil dieses Buch weit mehr war als ein Taschenkalender – weil es die glücklichen Tage gestalten half.

Das HelfRecht-Zeitplanbuch

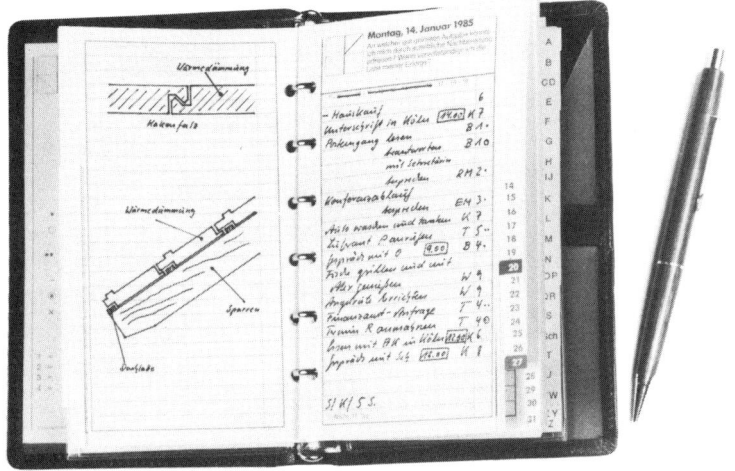

Vom HelfRecht-Studienzentrum gibt es heute das HelfRecht-Zeitplanbuch. Dieses Zeitplanbuch ist bei vielen tausend Unternehmern, Führungskräften der Wirtschaft sowie Freiberuflern, Selbständigen – aber auch Hausfrauen, die mehr Interessen haben, als reine Haushalt-Führung – in Gebrauch. Viele Anwender sind Studenten, Schüler, Auszubildende.

Auch viele Jugendliche, die in den Planungstagen „HelfRecht-Zukunftsplanung für Jugendliche" waren, arbeiten bereits erfolgreich mit diesem Zeitplanbuch.

Weil aber das Zeitplanbuch eine recht kostspielige Angelegenheit ist — es kostet über einhundert Mark —, werde ich nicht in allen Einzelheiten darüber schreiben.

Bastle Dir Deinen „Zeitplaner"

Ich habe mich in Schreibwarengeschäften und Warenhäusern umgesehen und festgestellt, daß Du Dir für wenige Mark selbst ein Zeitplanbuch basteln kannst. Das empfehle ich Dir unbedingt. Denn Du solltest erst einmal ein oder zwei Jahre lang testen, ob und wie Du mit einem Zeitplaner arbeitest, bevor Du Dir ein so aufwendiges, aber schönes Planungsmittel wie das HelfRecht-Zeitplanbuch schenken läßt oder sogar selbst den Kaufpreis erarbeitest. (Eine Bestellkarte für das HelfRecht-Zeitplanbuch liegt diesem Buch übrigens bei.)

Es gibt viele Systeme. Eines muß unbedingt sein: ein Ringbüchlein. Denn nur dann, wenn Du Pläne und Blätter immer wieder leicht umsortieren kannst, hast Du ein „Zeitplansystem", das Dich nicht einengt, das Dir Freiheit läßt. Ein Karteikästchen würde gewiß genauso flexibel sein, allerdings ist es recht unpraktisch, weil Du es nicht mitnehmen, nicht in die Schultasche stecken kannst.

So, nun stelle ich Dir wesentliche Teile aus unserem Zeitplanbuch vor, damit Du weißt, was Du benötigst, um Deinen eigenen Zeitplaner zusammenzustellen.

Eine junge Freundin, die mir während des ersten Diktates zu diesem Kapitel zuhörte, sagte mir: „Also, ich habe nichts „geschnallt". Mit diesem Text kannst Du niemandem Lust auf Zeitplanung machen." Das habe ich mir zu Herzen genommen.

Deshalb erst einmal:

Warum überhaupt Zeitplanung?

Zu Beginn der Jugendplanungstage höre ich immer wieder, daß gestöhnt wird: „Ich sitze viel zu lange über den Hausaufgaben." – Oder: „Den ganzen Nachmittag trödle ich herum, habe das Gefühl, ich arbeite schrecklich viel und zum Schluß bin ich nicht einmal mit meinen Hausaufgaben fertig, obwohl ich kein bißchen Freizeit genossen habe." – Oder: „Ich habe das Gefühl, ich habe überhaupt keine Zeit für meine Hobbys, aber meine Hausaufgaben mache ich auch nicht richtig." Ja, ich muß gestehen, mir ging es früher nicht anders. Auch ich habe als Schülerin oft herumgetrödelt und dann am Abend das Gefühl gehabt, den ganzen Tag nur für die Schule gearbeitet zu haben (obwohl manche private Schmökerstunde dazwischenlag). Ein bißchen mehr Methode, ein bißchen mehr Zeitplanung hätten mir gutgetan.

Dir vielleicht auch?

Also, die Zeit war immer schon mein Problem. Als 16jährige hatte ich einmal einen Aufsatz zu dem Thema „Wer die Zeit verklagen will, daß so zeitlich sie verraucht, der verklage sich nur selbst, daß er sie nicht zeitlich braucht" (Friedrich von Logau) geschrieben. Für diesen Aufsatz bekam ich eine Zwei. Darüber bin ich jetzt noch erstaunt, denn selbst heute kann ich noch nicht perfekt mit meiner Zeit umgehen.

Über 30.000 Glückschancen

Mit dem HelfRecht-Zeitplanbuch gelingt es mir aber schon viel besser als vor einigen Jahren. Und damit wären wir wieder beim Thema: Zeitplanung.

Nehmen wir an, Du würdest 84 Jahre alt werden. Das hieße, daß Du 1008 Monate oder 30 660 Tage leben könntest.

Und wenn Du Dir ein glückliches Leben wünschst – wer wünscht sich das nicht? – dann kann man doch davon ausgehen, daß die Mehrzahl Deiner Lebenstage glückliche Tage sein müssen.

Du gehst doch sicher mit mir einig, daß Glück nicht gleichzusetzen ist mit dem Zufallsglück, das eine blinde Glücksgöttin Fortuna wahllos unter den Menschen verteilt, sondern verstehst wie wir unter „Glück" das, was Du selbst verursacht hast, weil Du ein selbstgestecktes Ziel erreichen könntest. – Und dann ist ein erfolgreiches Leben doch nichts anderes als die Summe der Tage, an denen es Dir gelang, Freude und Glück, also gute Stimmung zu erleben oder bei anderen zu verursachen.

„Was macht mir Freude?"

Nimm einmal ein Blatt Papier zur Hand und beschreibe die Situationen, die Personen oder die Gegenstände, die in Dir Freude verursachen, die ein Glücksgefühl hervorrufen. Das können ganz banale Dinge sein, wie etwa eine gute Note oder daß Dein Hund Dich heute besonders freudig begrüßt hat. Es können auch solch schönen Dinge sein, wie Sonnenschein, eine Einladung zu einer tollen Fete oder ehrliches Lob.

Bei der Liste der Dinge, die Freude machen, steht eines ganz oben an, und zwar sind das Wünsche und Ziele, die ich erreiche. Oder Wunscherfüllungen und Ziele, denen ich mich durch eigene Taten nähere.

Wenn Du auch zu denen gehörst, die sich selbst Ziele stecken, also zu denen, die ihr Leben selbst gestalten wollen, dann wird auch das Erreichen selbstgesteckter Ziele zu Deinen „Freudebringern" zählen. Während der Lektüre dieses Buches hast Du Dir schon eine Liste Deiner Wünsche erarbeitet. Außerdem hast Du Dir einen Lebenszielplan, einen Periodenzielplan und einen Jahreszielplan aufgeschrieben.

Bevor wir jetzt in diesem Kapitel der Zeitplanung weitermachen, solltest Du kurz die verschiedenen Wünsche- und Ziele-Listen einmal durchlesen. Machst Du das jetzt bitte gleich?

So, hast Du alles gelesen? Schön! Wenn Du Deinen Jahreszielplan nun noch erweitern mußt, weil Dir neue Ziele einfielen, dann mache das bitte jetzt. Anschließend können wir zum Monatsplan kommen.

Monatspläne

Im HelfRecht-Zeitplanbuch gibt es für jeden Monat zwei Seiten, die heißen: „Monatsplan-Vormerkungen". Auf den Seiten 110 und 111 siehst Du ein Muster vom März 1985. Auf Seite 110 sind die einzelnen Tage eingetragen, und da siehst Du, wann unser Schüler verschiedene Arbeiten schreibt, wann sein Vater Geburtstag hat usw.

Auf Seite 111 findest Du sechs numerierte Positionen eingetragen, die ich Dir kurz erläutern will.

Deine Ziele für das Jahr und auch Deine Wünsche-Listen hast Du gerade gelesen. Die einzelnen Schritte, die zur Erfüllung dieser Wünsche zu tun sind, müssen nun auf Monate aufgeteilt werden. Am besten gehst Du dabei nach folgenden Fragen vor, die Du Dir für jeden einzelnen Monat stellst:

1. *„Welchen Teil kann ich aus dem Jahreszielplan übernehmen?"*

März 1985

Fr	1	
Sa	2	
So	3	*☆ Vati Geburtstag* SA 7.05 SU 18.10
Mo	4	
Di	5	*Mathe - Arbeit*
Mi	6	
Do	7	○
Fr	8	
Sa	9	
So	10	*Konzert - Saalbau* SA 6.50 SU 18.22
Mo	11	
Di	12	
Mi	13	☾
Do	14	
Fr	15	*Redaktionsbesprechung 15.00*
Sa	16	
So	17	SA 6.35 SU 18.33
Mo	18	*Französisch - Arbeit*
Di	19	
Mi	20	Frühlingsanfang
Do	21	●
Fr	22	
Sa	23	*Peter's ☆ -Party ab 20°°*
So	24	SA 6.20 SU 18.44
Mo	25	
Di	26	
Mi	27	
Do	28	*Englisch Referat*
Fr	29	☽
Sa	30	
So	31	Beginn Sommerzeit SA 7.04 SU 19.55

Zeitplanung

Monatsplan-Vormerkungen
März 1985

1) Praktikumsvorbereitung
2) Zimmer umräumen
3) Englisch-Referat vorbereiten
4) Klaus Engl. Nachhilfe
5) für Sabine · Fotover-
   größerungen
6) 20,- DM sparen für
   Führerschein

Sonstiges:
Zahnarzt um 16°° am 18.
Geschenk für P. kaufen

2. *Lies Deine Zielfindungsanalyse, vor allem die dort formulierten Wünsche. Zu welcher Wunscherfüllung kannst Du in diesem Monat vorangehen?*

3. *„Was will ich oder muß ich in diesem Monat besonders für die Schule tun?"*

4. *Mache Dir auch Gedanken und schreibe Dir auf, wem Du in diesem Monat welchen Nutzen bieten willst und kannst.*

5. *Beachte bitte: zum Nutzenbieten gehört auch das Freudebereiten. Wem könntest Du in diesem Monat welche Freude bereiten? Auch das Danken und Loben bereiten Freude.*

6. *Hast Du in diesem Monat besondere Ziele für Deine Finanzen? Was willst Du sparen oder verdienen (wofür)?*

Wenn wir jetzt wieder auf das Muster vom März 1985 schauen, dann wirst Du feststellen, daß unser „Musterschüler" aus dem Jahreszielplan zu Punkt 1 eine Praktikumsvorbereitung herausgesucht hat. Weiter will er im Januar zu Punkt 2 — zur Zielfindungsanalyse — sein Zimmer umräumen usw.

Zeitplanung

Also, die Liste der Fragen von 1 – 6 liest Du Dir bitte auch im Februar, im März und bis zum Jahresende monatlich einmal durch, um die Pläne für den entsprechenden Monat gut vorbereiten zu können. Dazu schreibst Du Dir diese sechs Fragen auf ein Blatt Deines Zeitplaners, dann hast Du sie immer dabei und kannst je nach Lust und Laune an jedem Ort und zu jeder Zeit Deine Pläne machen.

Dies ist eine erhebliche Vereinfachung gegenüber dem normalen Zeitplanbuch – aber ich will Dich hier ja nicht überfordern. Was Du bis jetzt gesehen hast, kannst Du Dir leicht selbst basteln. Dazu reichen zwölf Blätter – für jeden Monat eines.

Bis jetzt ging es ja noch recht leicht, glaube ich jedenfalls. Bist Du auch der Meinung?

Das Schwierigste: einen Tagesplan erstellen

Das Schwierigste aber ist — so sagte schon Goethe —, die Arbeit eines einzigen Tages richtig zu ordnen. Jetzt geht es also darum, einen Tagesplan zu erstellen.

Das klingt so einfach. Aber ...!

Die Zeit ist sehr sozial verteilt. Jeder Mensch hat pro Tag 24 Stunden zur Verfügung. Wie unterschiedlich aber werden sie genutzt! Sich für einen bestimmten Tag Notizen zu machen und Termine aufzuschreiben, das kann jeder. Du solltest aber jedem Tag einen eigenen Wert geben, indem Du Dir vornimmst und aufschreibst, was Du an diesem Tag erreichen willst. Auf der rechten Seite siehst Du ein Muster eines Tagesplanblattes aus dem HelfRecht-Zeitplanbuch.

Die erste Eintragung lautet: „Stadtbücherei: Bücher zum Thema Schülerzeitung." So — und daran siehst Du: Zu Beginn des Monats hat dieser Schüler eingetragen, welchen besonderen Wert er diesem Tag geben will, was er an diesem Tag für seine Ziele erreichen will. Du erinnerst Dich? Aus seinen verschiedenen Zielplänen ging hervor, daß er sich besonders für die Schülerzeitung engagieren will. In der Stadtbücherei will er daher Bücher zu diesem Thema suchen, um noch besser zu werden.

Zeitplanung

7 - 8 - 9 - 10 - 11 - 12 - 13 - 14 - 15 - 16 - 17 - 18 - 19

Stadtbücherei: Lektüre zum
Thema Schülerzeitung   3.
Nachhilfe Martina [16⁰⁰]   6··
Aufbau Physikraum [7⁵⁰]   2·
Lösungsplan Theaterauf-
führung mitnehmen   1·
mit Bläser Referat bespr.   2·
Georg * gratulieren   2·
Turnschuhe mitnehmen   1·
Post· Paketaufgabe   4 O
Schuhe für Mutti abholen   5·
Besprechung·Theateraufi [12³⁰] 2·
Vati - Bespr. Osterferien   7·

S · WL · H · Hu

6. Woche, 35. Tag

Bei den folgenden Eintragungen, wie z.B. „Nachhilfe Martina" oder „Aufbau Physikraum", handelt es sich um feststehende Termine. Dies sind häufig Termine, die von außen vorgegeben werden. Aber die Stadtbücherei und das Lesen zum Thema Schülerzeitung, das ist das ganz persönliche Ziel unseres Schülers. Und so sollte es auch bei Dir sein. Jeder Tag, aber zumindest ein Tag in der Woche, sollte ein Tag sein, an dem Du irgendeinem Ziel, das Dir sehr wichtig ist, ein kleines Stückchen näherkommt.

Das ist eigentlich das Wichtigste zum Thema Tagesplan: etwas zu tun, das nicht von außen diktiert wird, sondern etwas, das Du Dir selber wünschst. Aber damit Du weißt, was sonst noch auf diesem Zeitplanbuchblatt steht, werde ich auch den Rest erklären:

Die eingerahmten Zahlen bedeuten Uhrzeiten. Die Zahlen in der rechten Spalte stellen die Reihenfolge dar, in der die einzelnen Tätigkeiten ausgeführt werden sollen.

Man nennt dies auch „Prioritäten". Die Punkte und Zeichen hinter den Zahlen sind Erledigungsmerkmale. Einen Punkt (•) gibt es, wenn eine Sache erledigt ist, zwei Punkte (••) — z.B. bei „Nachhilfe Martina" —, wenn eine Sache ganz besonders gut gelungen ist. Ein Punkt in einem Kreis (⊙) heißt: Aufgabe hat sich „von selbst" erledigt, in diesem Fall die Postpaket-Aufgabe. Außerdem verwendet jeder, der das

HelfRecht-Zeitplanbuch anwendet, eigene Kurzzeichen: „T" steht z.B. für Telefon, und die Zeichen unten: S, WL, H und Hu heißen: Schwimmen, Waldlauf, Hausaufgaben, Hund spazierenführen. Da mußt Du also Deine Phantasie selbst bemühen und eigene Kürzel finden.

Die nicht termingebundenen Aufgaben sammeln

Manche Aufgaben können nicht fest in einen Tagesplan eingetragen werden. Das sind Gelegenheitsaufgaben, die dann erledigt werden sollen, wenn die Möglichkeit dazu gegeben ist. So schreibst Du z.B. „Gartenarbeiten", „Arztbesuch", „Ferienvorbereitung", „Fahrradschläuche flicken" oder „für Peters Geburtstag neueste Platte von Nena besorgen".

Solche nicht termingebundenen Aufgaben habe ich immer auf einem gesonderten Blatt obenauf liegen, so daß ich mir immer dann, wenn etwas Zeit ist, dieses Blatt ansehe, um etwas Sinnvolles zu tun.

Denke aber bloß nicht, daß immer, wenn ich Zeit habe, nur Aufgaben von diesem Blatt erledigt werden! Manchmal lasse ich auch ganz einfach die „Seele bau-

117

meln", d.h. soviel wie gammeln oder faulenzen. Solche Zeiten sind auch nötig, das weißt Du sehr gut; denn in diesen Momenten schöpft man Kraft für neue schwierige Aufgaben. Diesen Satz habe ich Dir in dieses Buch geschrieben, damit Du ihn all den Erwachsenen zeigen kannst, die gelegentlich maulen, wenn sie Dich beim „Faulenzen" erwischen. Es heißt übrigens nicht „faulenzen" sondern „Inspirationen abwarten". Gell', das klingt schon viel schöner?!

Zurück zum Zeitplanbuch.

Verschiedene Listen: Ideenliste, Wunschliste, Checkliste

Übrigens: Jede gute Idee, die Dir kommt, solltest Du sofort aufschreiben. Das können Ideen zur Theateraufführung Eurer Klasse sein, das sind Möglichkeiten, wie Ihr Euer Schulfest gestalten wollt. Vielleicht fällt Dir auch ein, wie Du Deine „Erziehungsberechtigten" dazu bekommst, Dir ein besseres „Gehalt", sprich: Taschengeld, zu zahlen.

Statistisch soll erwiesen sein, daß 90 % der Ideen, die nicht sofort aufgeschrieben werden, wieder verschwinden. Stelle Dir einmal vor, welche Fülle an Hirnschmalz

Zeitplanung

Besorgungen
in der City

- Saphir
- Flickzeug f. Fahrrad
- Fotoausstellung
  bei Neher ansehen
- Montanus: neue
  Ausgabe v. „Blow up"

- Stadtbücherei: Bücher
  zum Thema „wie be-
  werbe ich mich?"

- Tennisschläger bei
  Sport Fichte aussuchen

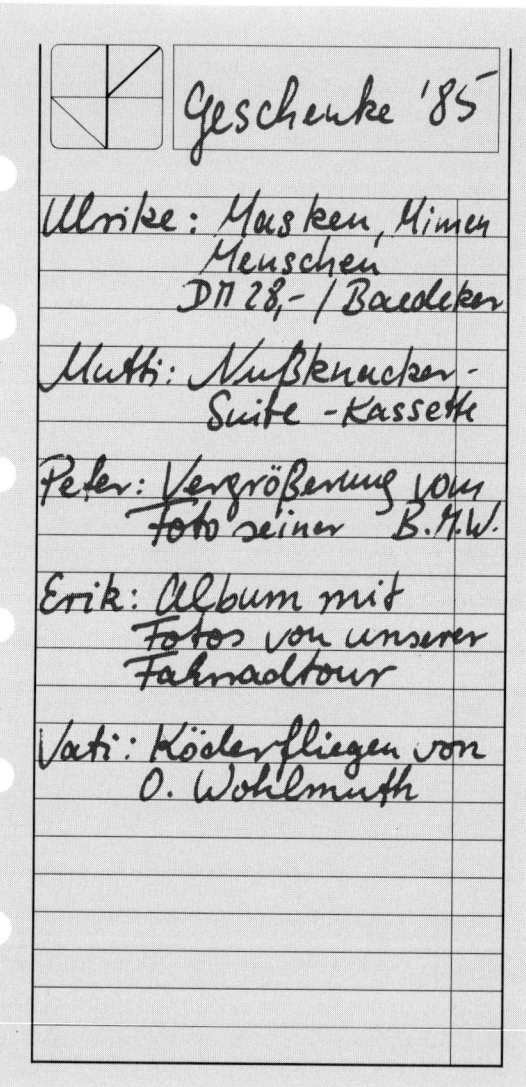

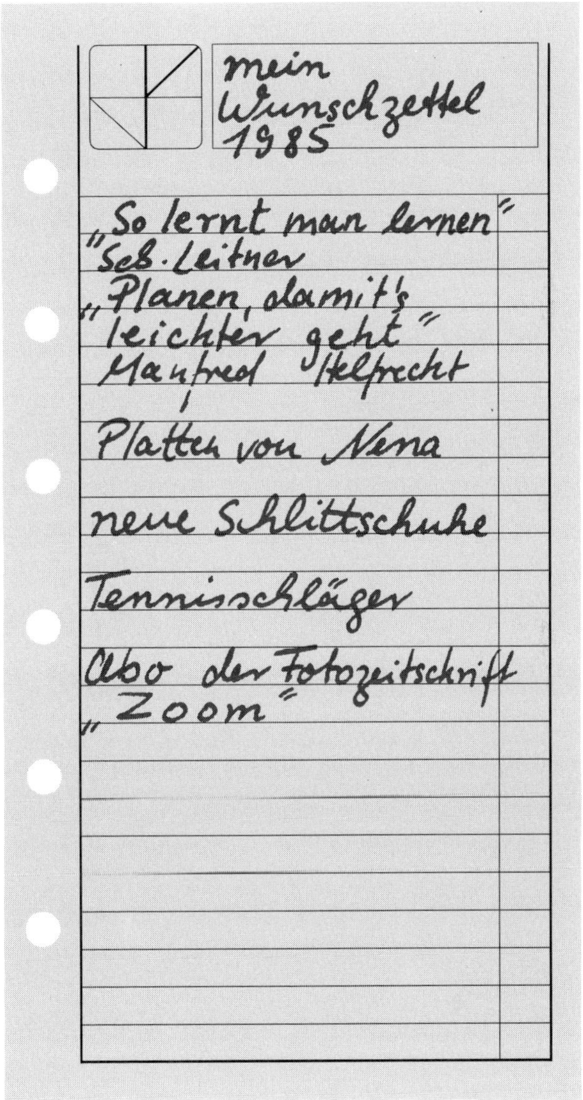

mein
Wunschzettel
1985

„So lernt man lernen"
„Seb. Leitner

„Planen, damit's
leichter geht"
Manfred Helfrecht

Platten von Nena

neue Schlittschuhe

Tennisschläger

Abo der Fotozeitschrift
„Zoom"

wichtige
Telefonnummern

Monika	76 3 45
Angelika	89 1 2 3
Peter	47 6 1 2
Uli N.	13 5 8 9
Jochen	61 5 4 2
Christian	76 4 4 3
Stadtbücherei	1 4 3 5 6 1
TUS - FC	6 2 9 3 6 5
Foto - Club	7 5 3 9 1 7

damit vergeudet wird. Also – keine Scheu vor Bleistift und Papier! Ideen gehören aufgeschrieben und damit festgehalten. Übrigens, Ideen sind wie wertvolle Freunde: wenn sie spüren, daß sie erwünscht sind, kommen sie immer häufiger, wenn sie aber merken, daß sie lästig sind, d.h. nicht aufgeschrieben werden, verschwinden sie und Du wirst immer seltener welche entdecken.

Mit dem HelfRecht-Zeitplanbuch oder mit einem selbstgebastelten Zeitplaner kannst Du viele Dinge bewältigen. Zum Beispiel kannst Du Dir eine Wunschliste in dieses Zeitplanbuch legen. Wie oft kommt Dir eine Idee, oder ein Wunsch, der nicht sofort erfüllbar ist. Dein Geburtstag ist vielleicht erst in drei oder sechs Monaten. Du kommst aber jetzt an einem Schaufenster vorbei oder liest heute in einem Buch von einer tollen neuen Sache. In sechs Monaten, wenn Tante Eulalie und Onkel Ottokar Dich fragen: „Na, meine Kleine (mein Kleiner), was wünschst Du Dir denn?" – Dann stehst Du da, sagst „hmhmh.." und hast keine Antwort. Nicht so der methodisch Planende! Der schaut, je nach Temperament, offen oder verstohlen in sein Zeitplanbuch, auf seine Wunschliste und trägt vor, welche Wünsche er denn so hätte.

Genauso geht es umgekehrt. Du kannst natürlich auch schon zu Ostern damit beginnen, Dir zu überlegen, was Du Deiner Mutter, Deinem Vater, Deiner Schwester, Deinem Onkel, Deiner Tante, Deinem Freund,

Deiner Freundin und dem Hund zu Weihnachten schenken willst.

Noch etwas, was zum Zeitplaner paßt. Verreist Du manchmal? Hast Du dann schon einmal etwas vergessen? Wenn ja, dann empfehle ich Dir, eine Reisecheckliste anzulegen. Da schreibst Du alles drauf, was Du bei Deinen Reisen unbedingt brauchst und auf keinen Fall vergessen darfst. Das geht aber ebenso für die Vorbereitung etwa von Sport- oder Theaterveranstaltungen und auch für eine Fete.

Im nächsten Kapitel, es heißt: „Geplanter Lernerfolg", bekommst Du noch eine Reihe von Tips und siehst Muster, die Dir zeigen, welche Möglichkeiten Du mit dem Zeitplaner hinsichtlich Deiner Schulerfolge hast.

Und noch etwas: Von den Jugendlichen, die in meinen Planungstagen waren, haben mir einige berichtet, daß sie z.B. den Schul- und Lernstreß leichter ertragen, wenn sie sich zwischendurch immer wieder einmal das Lebensziel oder das Periodenziel anschauen. Deshalb haben sie diese Zielpläne im Telegrammstil auf ein kleines Blatt geschrieben und ins Zeitplanbuch eingelegt. So können sie immer wieder ihre großen Ziele ansehen und ertragen die schreckliche Lateinlehrerin oder den ständig schlechtgelaunten Ausbilder viel besser.

Aber auf eine Gefahr will ich Dich dabei schon hinweisen: Es wird sehr problematisch, wenn dieses Buch, also der Zeitplaner oder das Zeitplanbuch, in unbefugte Hände gerät. Vielleicht willst Du Deine Ziele verschlüsselt eintragen? Kannst Du schon Steno? Wäre es übrigens nicht eine großartige Motivation, dafür eine Kurzschrift zu lernen? Natürlich kannst Du sie nicht nur für das Zeitplanbuch gebrauchen – Steno wird Dir vielmehr allgemein nützen: im Unterricht, in den Vorlesungen und bei manch anderer Gelegenheit. Und: Wer macht sich schon die Mühe, Steno zu entziffern?

Nun noch etwas ganz Wichtiges:

„Die Liste meiner Erfolge"

Vielen Menschen geht es leider so, daß sie von ihrer Umwelt überwiegend nur Kritik hören müssen. Kaum einer sagt ihnen, was sie schon alles Gutes bewirkten. Geht es Dir auch so? Wirst Du auch mehr kritisiert als gelobt? Wenn das so ist, dann mußt du unbedingt eine Liste Deiner Erfolge führen. Das sieht so aus: Immer, wenn Dir etwas gelungen ist – vielleicht sogar außergewöhnlich gut gelungen –, beschreibe mit eigenen Worten, wie sehr Dich dieser Erfolg freut, was er Dir bedeutet, was er anderen bedeutet. Sei bitte unbescheiden dabei! Beschreibe diese Erfolge in aller Ausführlichkeit und geniere Dich bloß nicht, scheinbar Unbedeutendes hinzuschreiben. Nichts ist unbedeutend, wenn es um Deinen Erfolg geht!

125

Was hast Du bisher gut gemacht? Vielleicht ist es eine Zwei in Englisch, der dritte Platz bei den Stadtmeisterschaften, eine besonders gut gelungene Nikolausfeier im Freundeskreis oder einfach der Erfolg, eine Woche lang immer zur vorgenommenen Zeit mit Deinen Hausaufgaben begonnen zu haben.

Also: Die Erfolge können vielseitig sein und werden von der Umwelt oft nicht als solche erkannt. Wichtig ist, daß Du weißt, welche Erfolge Du hattest. Und diese Erfolge schreibst Du in Deiner „Liste meiner Erfolge" auf. Kannst Du Dir wohl vorstellen, warum das wichtig ist?

Richtig! Wenn Du Dich ganz klein und verloren fühlst, wenn Du vielleicht gerade einen Mißerfolg zu verzeichnen hattest – immer dann mußt Du diese Liste Deiner Erfolge lesen. Dann wirst Du sehen, wie schnell Dir wieder der Glaube an Dich selbst kommt und wie Du bald wieder neue Ideen hast, um eine vielleicht erlittene Niederlage wettzumachen. Die Liste der Erfolge dient also in allen traurigen Zeiten dazu, Dich selbst wieder aus dem „Schlamassel" herauszuziehen.

Vielleicht hast Du einen Freund oder eine Freundin, die Dir gelegentlich sagen, wie gut Du bist. Wenn Du aber niemanden hast, der Dir das sagt, ist es erst recht wichtig, eine Liste der Erfolge zu haben. Dann ist sie nämlich so etwas wie der gute Freund, der Dir immer wieder einmal anerkennend auf die Schulter klopft und Dir sagt, wie gut Du oft bist.

Planlos oder zielsicher? – Warum schriftliches Planen?

Wenn Du eifrig mit dem Zeitplaner oder gar mit dem HelfRecht-Zeitplanbuch arbeitest, wirst Du manches Mal eine spöttische Bemerkung hören, etwa in dem Sinn: „Na, bist Du schon so alt, daß Du Dir alles aufschreiben mußt?" oder „Ist es nicht schrecklich, alles zu planen und nichts mehr dem Zufall zu überlassen?"

Diese planlos handelnden Menschen wissen nicht, welche Chancen sie für ihre Lebensgestaltung verpassen. Stellt nicht schon der Ausdruck „Planlosigkeit" eine klare Wertung dar? Wenn Planlosigkeit also negativ ist, dann muß doch planvolles Handeln positiv sein. Planvolles Handeln ohne Planungsunterlagen ist aber nur schlecht möglich. Oder kannst Du Dir einen Architekten vorstellen, der planvoll vorgeht, aber nichts auf seinen Plänen stehen hat? Es gibt Menschen, die behaupten, sie würden ihre Zukunft sehr wohl planen – nur eben im Kopf. Das mag vielleicht gehen, aber es ist deutlich weniger gut als schriftliches Planen. Solche Menschen sind oft schon deshalb gestreßt, weil sie in der ständigen Angst leben, etwas Wichtiges vergessen zu haben.

Wer seine Zukunft bedacht und sorgfältig aufgeschrieben hat und wer täglich sieht, was zu erledigen ist, der kann sein Leben sehr viel besser genießen. Die unangenehmen „Zufälle" werden deutlich weniger. Und die Sorge, etwas zu vergessen oder unüberlegt anzupakken – und der dadurch entstehende Streß werden vermieden.

Mit dem HelfRecht-Zeitplanbuch läßt sich noch viel mehr planen, lassen sich noch wesentlich mehr Ziele in Angriff nehmen. Ich möchte Dich jedoch nicht verschrecken, sondern zum Planen locken. Deshalb höre ich jetzt auf – hoffentlich dort, wo es am spannendsten ist.

Was brauchst Du, um Dir selbst einen Zeitplaner zu basteln?

Am besten eignet sich ein kleines Ringbuch in Postkartengröße (DIN A6) oder ein Karteikästchen für DIN-A6-Karten. Dazu benötigst Du außerdem:

Ringbucheinlagen (oder Karteikarten);

ein Register von 1 – 12 für die zwölf Monate und, wenn möglich, auch noch ein Register von 1 – 31 für die jeweiligen Tagespläne.

Und nun solltest Du Dich ein bis zwei Jahre lang selbst testen. Ich meine, wenn Du zwei Jahre lang jeden Monat einen Monatsplan erstellt hast, dann kannst Du in das „Planungsmittel für Fortgeschrittene" einsteigen: in das HelfRecht-Zeitplanbuch.

10 % Rabatt, wenn Du mir eine Erfolgsliste schickst

Wenn Du Dir das HelfRecht-Zeitplanbuch bestellen möchtest, dann benutze bitte die diesem Buch beiliegende Karte und schreibe mir doch einen kurzen Brief, in dem Du darstellst, was Dir mit Hilfe dieses Buches „Zukunft – ja bitte!" bereits gelungen ist.

Wenn Du Dir diese Mühe machst, wirst Du 10 % Nachlaß auf den Kaufpreis erhalten. Du mußt es nur auf Deiner Bestellung vermerken.

Kapitel 6

Geplanter Lernerfolg

Die Schule – ein „schwerer Brocken"?

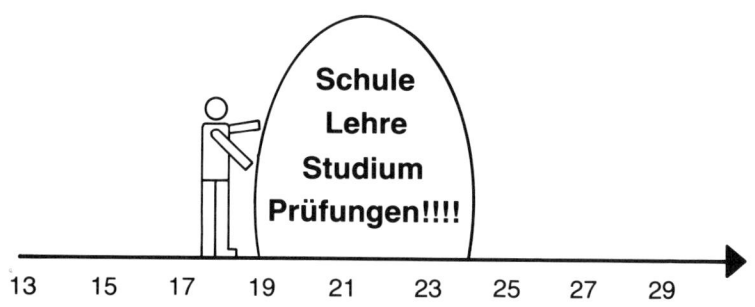

Viele sehen nur den „Berg" Schule

Nun haben wir soviel von Zukunft geredet, von Wünschen und verlockenden Zielen, aber – noch bist Du in der Schule. Und jetzt will ich versuchen, mit Dir gemeinsam herauszufinden, wie Du Dir Dein Leben in der Schule erleichtern kannst.

Auf der Abbildung siehst Du, wie ein Kind versucht, über den Berg Schule hinwegzusehen. Das scheint fast unmöglich. Mit einer Lernmethodik wollen wir Stufen in diesen Berg schlagen, damit Du ihn leichter überwinden kannst.

Eine Notenübersicht ist wichtig

Notenübersicht

Datum	benotete Arbeit	Deutsch m.	Deutsch schr.	Mathematik m.	Mathematik schr.	Englisch m.	Englisch schr.	Französisch m.	Französisch schr.	Physik m.	Physik schr.	Biologie m.	Biologie schr.
17. 1.	Aufsatz	3											
29. 1.	Zettel-arbeit			2									
1. 2.	Test					3							
1. 2.	Test									4			
5. 2.	Diktat							3					
7. 2.	Klassen-arbeit						2						
8. 2.	Test			2									

Erstens ist es wichtig, Dir eine Übersicht zu verschaffen über alle Fächer, die Du zur Zeit in der Schule hast, und über die Noten, die im Laufe des Schuljahres gegeben werden. Ich kenne nämlich einige Schüler, die zum Zeugnistermin ganz erstaunt ausrufen: „Ich wußte gar nicht, daß ich so schlecht stehe!" – Eine ständige „Buchführung" über die Noten, die bei mündlichen und schriftlichen Tests sowie bei Schularbeiten oder Klassenarbeiten erteilt wurden, ist unbedingt nötig, um nicht überrascht zu werden, oder um zumindest einige Wochen vor Zeugnisvergabe gezielt einen „kräftigen Schlag zuzulegen".

Dazu nimmst Du jetzt ein Blatt DIN A 4 (kariert) und füllst es nach dem Muster von Seite 133 aus. Links siehst Du Das Datum der jeweils benoteten Arbeit, in die zweite Spalte kommt die Art der benoteten Arbeit. Dann kommt jeweils das Schulfach – suche Dir die Reihenfolge aus, die Dir am angenehmsten ist, hier siehst Du Deutsch, Mathe usw. –. In der Spalte darunter, unter den Schulfächern, rate ich Dir, zwei Unterteilungen zu machen für mündliche Noten und für schriftliche Klassen- oder Schularbeiten.

Wenn Du nun im Laufe des Schulhalbjahres siehst, wie in manchen Fächern der Notendurchschnitt immer schlechter wird, kannst Du noch rechtzeitig handeln.

In dem gezeigten Muster findest Du also für jedes Fach zwei Notenarten: In die Spalte, die Du mit „m" kennzeichnest, schreibst Du die Noten für mündliche Prüfungen. In die nächste Spalte, die Du mit „schr." kennzeichnest, kommen die Noten für Klassenarbeiten (Schularbeiten).

Natürlich gibt es das einfache Rezept, kräftig zu lernen, um einen guten Notendurchschnitt zu erreichen. Aber, diesen guten Ratschlag wirst Du schon von vielen Seiten gehört haben. Was ist jedoch zu tun, wenn Dir das Fach überhaupt nicht gefällt? Es heißt zwar immer: „Nicht für die Schule, sondern für's Leben lernen wir". Manches Mal wirst Du allerdings nicht erkennen, wofür das eine oder andere Fach Dir wirklich in Deinem Leben dienen kann – was Du mit diesem Fach anfangen wirst.

Zweckbeschreibung der Schulfächer

Gerade bei Fächern, die Dich nicht interessieren, und bei denen Du keinen Nutzen für Deine kommenden Lebensabschnitte oder für Dein gegenwärtiges Leben erkennen kannst, wirst Du Schwierigkeiten haben, aufzupassen. Also gilt es, herauszufinden und aufzuschreiben, wozu dieses Fach dient und wem Du jetzt oder in Deinem zukünftigen Beruf mit diesen Kenntnissen Nutzen bieten kannst.

Ein Beispiel zum Fach Deutsch zeigt Dir die Abbildung auf Seite 136.

So, und nun kommt Deine Aufgabe:

Für jedes Fach, in dem Du nicht gut bist bzw. nicht gut aufpassen kannst, erstellst Du auf einem weißen Notizblatt eine Zweckbeschreibung. Diese Zettel gehören in Deinen Zeitplaner: Schau sie Dir täglich vor Schulbeginn, oder besser noch, vor jeder Unterrichtsstunde an! Gewiß wird es Dir dadurch etwas leichter fallen, auch in ungeliebten Fächern besser aufzupassen.

Übrigens, auch bei unbeliebten Pflichten oder Arbeiten kann man so verfahren.

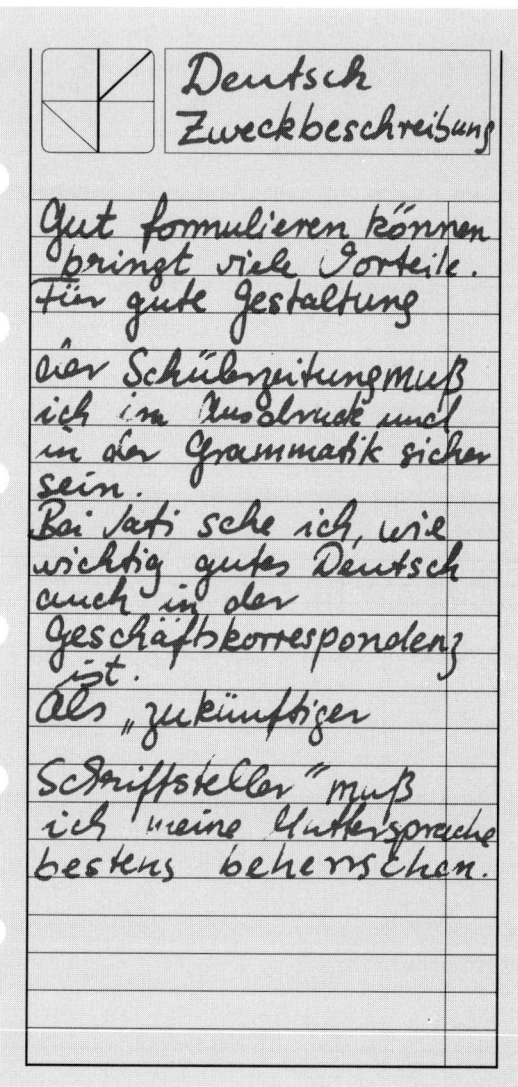

„Lehrer sind auch Menschen!"

„Ich komme mit einigen Lehrern nicht klar! Was tun?"
Mit diesem Hilferuf wandte sich kürzlich ein Mädchen
an mich. Sie hatte sich allerdings bereits Gedanken zur
Problemlösung gemacht und zeigt mir einen weißen
Zettel, auf dem stand:

„1. Lehrer sind auch Menschen!
2. Lehrer sind oft privat ganz nett!
3. Lehrer können auch nicht so, wie sie wollen!
4. Lehrer unterrichten oft in dem Fach, das früher ihr
   Lieblingsfach war!
5. Lehrer hören auch mal gern ein Lob!"

Diesen Zettel trug sie ständig bei sich und sah ihn sich
täglich einmal an.

Diese Idee fand ich so gut, daß ich sie Dir vorstellen
möchte. Vielleicht hilft sie dem einen oder anderen. Allerdings rate ich jedem, der mit einem oder mehreren
Lehrern besondere Konflikte hat, für jeden Lehrer einen weißen Zeitplaner- oder Zeitplanbuch-Zettel anzulegen.

Welche Probleme hat Dein Lehrer?

Im Kopffeld des Zettels sollte der Name des Lehrers stehen und darunter: „Folgende Probleme hat ..., wie kann ich ihm helfen?"

Vielleicht wundert Dich dieser Text. Aber jeder Lehrer hat Probleme. Manche kannst Du erkennen, zum Beispiel: Er wird in Deiner Klasse mit dem Stoff nicht fertig, weil zuviel gestört wird; er verliert leicht die Beherrschung, weil er ständig von Deinen Mitschülern geneckt wird oder ...

Finde doch selbst heraus, welche Probleme Dein Lehrer hat und schreibe diese Probleme auf, mit dem Wunsch, ihm helfen zu wollen. Gewiß wird manche Idee Dir zeigen, was Du für ihn tun kannst.

Versuche es doch einmal! Wenn Dir keine Probleme einfallen, schreibe seine Vorlieben und Hobbys auf. Meine frühere Französischlehrerin sammelte Karikaturen von de Gaulle. Leider habe ich ihr erst nach meinem Abitur helfen können, ihre Sammlung zu vervollständigen. Aber vielleicht haben Deine Lehrer leichtere Hobbys.

Freude bereiten hat mit Anbiederung oder Strebertum nichts zu tun! Wenn Du Deinem Lehrer auf diese Art und Weise Nutzen bietest, kommt keiner zu kurz, weder Dein Lehrer noch Du selbst, und schon gar nicht Deine Klassenkameraden! Denn die gute Stimmung, die Du verursachst, kommt auch ihnen zugute.

Werde erfinderisch im Nutzenbieten. Selbstverständlich nicht nur gegenüber Lehrern!

Für „schwierige" Fächer einen Lernplan erstellen

Du siehst, daß einfache weiße Zettel in Deinem Zeitplaner vielseitig verwendbar sind und Dir auch bei der Lösung Deiner schulischen Probleme helfen können. Wenn Du beispielsweise in sehr kurzer Zeit eine schwierige Note „abfangen" möchtest, also kräftig zupacken willst, um die Zeugnisnote zu retten, empfiehlt es sich, einen kleinen Lernplan zu erstellen.

Wo Deine Schwachstellen sind, weißt Du meist recht gut. Wenn nicht, frag Deinen Lehrer oder Deine Lehrerin. Außerdem achte darauf, was Du bei Klassenarbeiten immer wieder falsch machst!

Für recht schwierige Fälle gibt es einen ausführlicheren Plan, den „Lösungsplan". Er wird im nächsten Kapitel besprochen.

Französisch
Lernen / Üben

- Vokabeln - III. Kap.   9.3
  aus „Lettres de mon   +
  moulin"   16.3.

- Subjonctif - S. 93-96
  „grammaire pour tous"   12.3.

- unregelmäßige
  Verben „la vie frang."   14.3.
  Seite 101/102

- Übersetzung S. 62,   8.3.
  1. Absatz m. Monika üben

In guter Stimmung lernt sich's besser

Eine wichtige Voraussetzung zum Lernen ist die

gute Stimmung.

Ja, Du hast richtig gelesen, wir brauchen gute Stimmung, um lernen zu können.

Wenn wir schlechter Laune sind, wenn wir uns geärgert haben, wenn wir traurig sind, dann sind gewisse „Denkwege" im Gehirn blockiert. Um nicht unnötig lange mühsam zu versuchen, den Lernstoff dennoch „hineinzupauken", gibt es also nur eines: wir müssen versuchen, in bessere Stimmung zu gelangen.

„Wie soll ich plötzlich in gute Stimmung kommen, wenn ich vorher so richtig sauer war?" wirst Du fragen. Nun, vielleicht hilft Dir eine Anregung: Ich habe ein Zettel-chen, auf dem ich mir notiert habe, was mich alles in gute Stimmung versetzt, und zwar sind das alles Dinge, die nicht sehr lange dauern: z.B. in einem schönen Kunstband blättern, eine gute Schallplatte hören oder mal schnell vors Haus laufen und den Katzen beim Spielen zusehen oder ... oder ...

Suche Dir selbst Deine „Stimmungsmacher". Aber Vor-sicht, eines ist gefährlich: wenn Du, um in gute Stim-mung zu kommen, einige Seiten in einem spannenden Buch lesen willst, so läufst Du immerhin Gefahr, daß das spannende Buch Dich nicht mehr losläßt – so daß Du schließlich nicht mehr lernst, sondern liest!

Ordnung dient der Konzentration

Eine zweite wichtige Voraussetzung für gute Stim-mung: der Arbeitsplatz sollte aufgeräumt sein. Alles, was auf dem Schreibtisch herumliegt, lenkt uns nur un-nötig ab. Ich habe bei mir die Erfahrung gemacht: Je weniger interessant der Lernstoff ist oder je unange-nehmer die Arbeit, die vor mir liegt, desto leichter lasse ich mich von Dingen ablenken, die ich gerade sehe.
Darum also der Aufruf zur Ordnung.

Kennst Du Deine beste Lernzeit?

Sehr wichtig ist es herauszufinden, zu welcher Zeit Du am besten arbeiten und lernen kannst. Über die beste Lernzeit ist zwar schon sehr viel geschrieben worden. Es gibt jedoch kein einheitliches Rezept, denn jeder Mensch hat eigene Best- und Höchstleistungszeiten. – Ich selbst lerne nachmittags ab 16.00 Uhr oder abends nach 20.00 Uhr am besten.

In den Planungstagen für Jugendliche frage ich immer wieder nach den besten Lernzeiten. Ungefähr 1/3 der Teilnehmer kennt auch die eigenen Bestzeiten. – Und die sind wirklich total verschieden! Die einen lernen am besten morgens von 6.30 Uhr bis 7.30 Uhr und nochmal nach der Schule, andere lernen direkt nach dem Mittagessen, wieder andere müssen erst etwas gespielt haben, bevor sie sich an den Lernstoff machen.

Also, suche auch für Dich heraus, wann Du am besten lernen kannst. Dazu schreibst Du Dir für mehrere Tage, vielleicht auch Wochen, auf einen Zettel, von wann bis wann Du gelernt hast, ob es Dir leicht oder schwer fiel. So wirst Du im Laufe der Zeit eine Übersicht bekommen. Eines ist aber auch sehr wichtig: Wenn wir nicht genügend Schlaf bekommen, werden wir überhaupt nicht gut lernen können, auch nicht in unserer „besten" Lernzeit. Je nach Temperament und persönlichem Bedürfnis sollten 7 bis 9 Stunden Schlaf nicht unterschritten werden.

„Warum lerne ich?"

Was wir nicht gern lernen mögen, behalten wir auch kaum. Sicher hast Du schon festgestellt, daß Du Dinge, die Dich interessieren, einfach behältst, auch wenn Du sie gar nicht besonders mühevoll lernen mußtest. Andere Dinge wiederum lernst Du mühsam und vergißt sie doch bald wieder. Um das Gelernte einigermaßen schnell aufnehmen zu können und es dann auch noch zu behalten, ist es deshalb unbedingt notwendig, die Zweckmäßigkeit des Gelernten zu erkennen.

Vielleicht wird Dir jetzt auch noch einmal klar, warum Du zu jedem Deiner Schulfächer eine Zweckbeschreibung machen solltest. Sobald Du etwas sehr widerstrebend lernst, such doch einmal die Zweckbeschreibung zu dem entsprechenden Fach heraus. Wenn Du dort nachlesen kannst, welchen Nutzen dieses Fach Dir und anderen bringen kann, fällt Dir das Lernen sicher etwas leichter.

Um also etwas aufzunehmen und zu behalten, brauchen wir ein Motiv, ein Interesse. Es gibt verschiedene Gründe, weshalb es sich lohnt, gut zu lernen: Einmal wollen wir den Eltern damit eine Freude machen, zum anderen wollen wir damit gute Noten erreichen. Auch der Wunsch, mit dem Erlernten Geld zu verdienen, kann ein gutes Motiv sein. Den Wunsch nach Anerkennung und Lob dürfen wir auch nicht vergessen, denn er ist ein sehr wichtiges Motiv beim menschlichen Handeln, nicht nur bei Schülern.

Hausaufgaben müssen sein

Hausaufgaben sind für viele ein leidiges Problem. Ein Jugendlicher sagte mir einmal: „Erst seitdem mir richtig klar ist, wozu Hausaufgaben gut sind, erledige ich sie ziemlich gründlich." Dieser Junge hatte das Glück, eine einsichtige Lehrerin zu haben, die seiner Klasse Sinn und Zweck der Hausaufgaben im Zusammenhang mit den Lerngesetzen erklären konnte.

Sicher ist auch Dir bekannt, daß die Hausaufgaben den Sinn haben

1. durch Übung (Wiederholen) das im Unterricht Gelernte zu vertiefen;
2. das Gelernte anzuwenden bzw. zu übertragen auf eine neue Problemlösung;
3. manchmal auch den Unterrichtsstoff vorzubereiten, damit während des Unterrichts der Wiedererkennungseffekt auftritt.

Denn sicher hast du auch schon einmal erlebt, daß Du etwas besser behalten kannst, wenn Teile des neuen Stoffes Dir schon früher in anderer Weise begegnet sind.

Wer nun während des Unterrichts mitarbeitet, mitdenkt und manches mitschreibt (Vorsicht: nicht Wort für Wort mitschreiben!), der erleichtert sich die Hausarbeit erheblich.

145

„Was kann ich mir leicht merken?"

Versuche und Forschungen haben ergeben, welche Eindrücke der Mensch braucht, um sich etwas zu merken. Es heißt: Man merkt sich

vom Gehörten etwa	20 %
vom Gehörten und Gesehenen etwa	50 %
von dem, was man anderen erklärt	70 %
und von dem, was man selbst tut	90 % bis 100 %.

Welche Schlüsse kannst Du für Dich daraus ziehen?

Von dem, was der Lehrer im Unterricht vorträgt, wenn er dabei nicht die Tafel und Schaubilder benutzt, wirst Du Dir also nur rund 20 % merken können. Wenn Du nun zu Hause, vor oder nach dem Unterricht, das Gehörte noch einmal im Lehrbuch nachlesen kannst, dann wirst Du schon etwa 50 % des Stoffes behalten.

Von meiner eigenen Schulzeit weiß ich, daß ich von dem Moment an, an dem ich Nachhilfestunden in Französisch gab, in diesem Fach um eine Note besser wurde. Denn man müßte bereits 70 % behalten können, wenn man es anderen erklärt. Das Selbertun hilft uns, sogar 90 – 100 % eines neuen Stoffes zu behalten.

Schau doch noch einmal in Deinen Zweckbeschreibungen nach, was Du in jedem einzelnen Fach selber tun, wie Du also das Gelernte in Deinem täglichen Leben anwenden kannst.

Als „Hausaufgaben" würde ich aber nicht nur die Pflichtaufgaben ansehen, die der Lehrer von Dir verlangt. Wenn Du in einem Fach aufzuholen hast oder wenn Dich ein Fach ganz besonders interessiert, solltest Du einfach etwas mehr tun als die bloßen Hausaufgaben.

Ein mir bekannter Jugendlicher experimentiert mit seinem Chemie-Versuchskasten, ein anderer übt sich als Mitredakteur einer Schülerzeitung im Deutschaufsatz. Ich selbst habe während meiner Schulzeit fleißig die amerikanische Bibliothek in unserer Stadt besucht und war außerdem Mitglied des dortigen deutsch-französischen Clubs, um meine Französischkenntnisse aufzubessern. Viele Jugendliche, die ich kenne, haben sich eine Lernkartei gebastelt, wie sie von Sebastian Leitner in seinem Buch „So lernt man lernen" empfohlen wird.

Wie ist das mit der Willensschwäche?

„Das ist ja soweit ganz schön", sagen mir die Teilnehmer meiner Planungstage, mit denen ich über Hausaufgaben und Lerngesetze spreche, „aber was tue ich, wenn ich einen schwachen Willen habe?"

Vielleicht wirst Du jetzt nicken und denken, ja, das ist auch mein Problem: „Wollen würde ich gern, aber ich tue dann doch nicht, was ich mir vornehme."

Dieses Problem kennen auch viele Erwachsene. Nur, wir Erwachsenen haben es leichter als Ihr Schüler. Wenn uns eine Situation ganz und gar nicht behagt, können wir sie immerhin verändern. Ihr aber müßt in die Schule gehen, zumindest solange Ihr im schulpflichtigen Alter seid.

Willensschwäche gibt es eigentlich immer nur dort, wo die Ziele nicht genügend locken, d.h. zur Arbeit verleiten.

Wenn Du also einfach nur keine Lust zum Lernen hast, dann lies doch bitte noch einmal dieses Kapitel oder die von Dir verfaßten Zweckbeschreibungen zu den einzelnen Schulfächern.

Der Teufelskreis von Angst und Mißerfolg

Häufig ist aber Willensschwäche nur ein Zeichen der Angst. Das ist dann nicht so sehr die Angst vor der eigentlichen Arbeit, sondern die Angst, die Arbeit nicht gut genug zu erledigen. Hast Du Dir nicht auch schon einmal gesagt: „Ach, es nützt ja nichts, ich verstehe es doch nicht oder morgen weiß ich es nicht mehr!" Und vor lauter Angst, morgen nicht gut zu sein, fängst Du erst gar nicht an zu lernen. Wenn Du dann am nächsten Tag in der Schule für das Nichtwissen eine schlechte Note bekommst, wirst Du am Nachmittag erst recht unlustig und ängstlich an die Arbeit gehen. – Der Kreis: Angst, Mißerfolg, Angst schließt sich. – Man kann ihn auch als Teufelskreis bezeichnen.

Gute Vorbereitung – gute Stimmung – Erfolg

Wenn Du dich aber umgekehrt einmal überwindest und Dir vornimmst: „Diesmal, ausgerechnet heute, will ich sehr, sehr gut meine Arbeit machen", wirst Du am nächsten Morgen mit sehr gutem Gefühl in die Schule gehen. Dieses Gefühl gibt Dir eine Sicherheit und gute Stimmung, die Du dann nicht mehr missen möchtest, auch wenn Du nicht gleich mit einer guten Note belohnt wirst. Denn in guter Stimmung kannst Du leichter lernen.

Noch etwas ist wichtig, wenn Du in der Schule gut vorankommen willst. Du solltest Freunde haben, die auch gern zur Schule gehen und gern lernen.

Der Lehrer, Dein Freund und Helfer?

„Lehrer sind auch Menschen", sagte mir eine Teilnehmerin während einer meiner letzten Jugend-Planungstage. Diese selbstverständliche Feststellung wird aber häufig von Schülern vergessen. Sehr nachdenkliche Gesichter sehe ich immer, wenn ich darauf aufmerksam mache, daß die Lehrer meistens in den Fächern unterrichten, die früher ihre Lieblingsfächer waren. Frag einmal Deine Lehrer.

Nun stell Dir vor, Du hast ein Hobby oder ein Lieblingsfach und jemand, mit dem Du täglich zu tun hast, will Dir dieses Hobby „vermiesen". Wie wirst Du darauf reagieren?

Stell Dir auch vor, jemand würde über Deine Briefmarkensammlung spötteln, fände Deine Interesse an Elektronik-Basteleien langweilig usw. Wirst Du solch einen Menschen noch sehr sympathisch finden?

Der Lehrer wird sich auf jeden Fall über Deine Anteilnahme an seinem Fach freuen. Dadurch wird er Dich automatisch mehr einbeziehen, Dich häufiger ansprechen. Das wiederum kann bei Dir das Interesse vertiefen. Wie schon gesagt, mit Interesse lernt es sich schöner und einfacher!

„Soll ich weiter die Schule besuchen?"

Wenn Du auch dazu kaum einen Zweck beschreiben kannst, wenn z.B. Dein Berufsziel den jetzigen Ausbildungsweg nicht erfordert, dann solltest Du Dir ernsthaft überlegen, ob es für Dich wirklich vorteilhaft ist, weiterhin die Schule zu besuchen. Vielleicht können Dir Gespräche mit Lehrern, Eltern und Freunden helfen, Klarheit zu gewinnen. Denn für Schüler, die sich mühsam durch das Gymnasium oder die Realschule quälen, obwohl ihr Traumberuf weder die Mittlere Reife noch das Abitur erfordern, sind die zusätzlichen Schuljahre vertane Zeit.

Es gibt viele Beispiele, daß ein Studium nicht allein seligmachend ist. Gerade in der heutigen Zeit ist auch ein akademischer Bildungsweg durchaus keine Garantie mehr für eine sichere Existenz.

Dazu ein weiterer Gedankengang: Vielleicht prüfst Du einmal, ob Du Dir nicht nach dem zunächst angestrebten Ausbildungsziel, also evtl. nach dem Abitur, zuerst eine sichere Existenz mit einem erlernten Beruf schaffst. Wenn Du einen Gesellenbrief in einem gefragten Beruf hast, der nach vielen Erfahrungen auch in wirtschaftlichen Tiefzeiten für die menschliche Gemeinschaft notwendig ist, bist Du immer unabhängig. Du kannst Dir dann jederzeit als Fachmann Dein Geld verdienen und wirst nur dann studieren, wenn es Dir Freude bereitet.

Selbstverständlich bist Du dann auch als Student unabhängig und brauchst keine Ängste zu haben, ob Deine Eltern oder der Staat ein Studium finanzieren werden oder ob Du jemals das Bafög zurückzahlen kannst.

Dies sind nur Denkanstöße aus meinen vielen Gesprächen mit jungen Menschen, die ich Dir hier weitergeben will und die Dich etwas nachdenklich machen sollen.

Ein Studium garantiert nicht unbedingt den Erfolg

Noch etwas zu diesem Thema: Weißt Du, daß nur etwa ein Drittel der Führungskräfte in der mittelständischen Wirtschaft Akademiker sind? Einer der bedeutendsten früheren Vorstands-Vorsitzenden der Siemens AG, Gerd Tacke, der auch der „Siemens-Außenminister" genannt wurde, weil er die Siemens-Organisation weltweit wieder aufbaute und zu großem Erfolg führte, begann als Lagerarbeiter in einem Siemenswerk in Berlin. Selbstverständlich mußte er auch studieren, um seine Karriere machen zu können, aber das holte er nach, als er der Überzeugung war, daß er es für seinen Traumberuf benötigen würde.

153

So gibt es noch viele Beispiele, wie etwa das des Begründers der Firma Wolf-Gartengeräte. Dieser Mann war Handwerksmeister und kam aus einem kleinen Handwerksbetrieb in einem Dorf.

Manfred Helfrecht, mein Mann, ist Dachdeckermeister und hat sich im Selbststudium in den für ihn notwendigen Gebieten weitergebildet, wie etwa Unternehmensführung, Physik, Chemie, Baubiologie, Psychologie, Philosophie und Pädagogik, soweit es die Leitung von Planungstagen erfordert. Seine über 100 Patentanmeldungen und seine unternehmerischen Erfolge bedurften neben seiner Handwerksausbildung auch des Studiums der dazu wichtigen Fachgebiete. Er bewältigte das aber ohne Hochschule, wenn auch mit Hilfe der besten Kapazitäten auf den verschiedensten Gebieten.

So schreibt z. B. der Autor Winfried Sommer in seinem Buch „Bewährung des Lehrerurteils", daß die selbständig Tätigen zum gleichen Prozentsatz Volksschüler, Realschüler und Gymnasiasten sind. Es zeigt sich daraus also, daß für einen Erfolg in einer beruflichen Selbständigkeit ein Studium durchaus keine absolute Voraussetzung ist. Im Gegenteil: die Volksschüler haben offensichtlich als Selbständige die gleichen Erfolgschancen wie die Gymnasiasten.

Das Schaubild aus dem Buch Winfried Sommers zu diesem Thema hast Du in diesem Buch bereits gesehen.

Kapitel 7

Der Lösungsplan

Kleine Schritte führen zum Ziel

Mit dem, was Du gerne möchtest, wohin Dein Lebensweg gehen soll und welche Ziele Du auch in naher Zukunft anstrebst, hast Du Dich nun reichlich befaßt. Du weißt einigermaßen, was Du nicht willst und was Du willst.

Vielleicht fragst Du Dich aber, ob Du dies auch erreichen wirst. Gewiß sind einige Deiner Ziele so groß, daß Dir der Weg dorthin unüberschaubar erscheint. Stell Dir einmal vor, Du müßtest 75742 im Kopf mit 4356 multiplizieren. Könntest Du das? Ich nicht. Das Genie Albert Einstein hätte es auch nicht gekonnt. Wenn Du aber diese Multiplikationsaufgabe in kleine Teilschritte zerlegen kannst, wenn Du schriftlich daran arbeiten kannst, ist es für Dich eine Kleinigkeit. Du mußt nur das kleine Einmaleins beherrschen. Und natürlich die Multiplikationsmethode kennen und anwenden können. Und das geht nun einmal nur **schriftlich**, das kann man nicht im Kopf behalten.

Siehst Du an diesem Beispiel, daß wir nur mit schriftlichen Denkmethoden unsere geistige Leistungsfähigkeit deutlich erweitern können? Alle Planungsschritte und Planungsmittel, die ich Dir hier in diesem Buch mitgebe und erkläre, sind deshalb nichts anderes als schriftliche Denkmethoden.

So wie bei der Multiplikationsaufgabe das Aufspalten in viele Einzelergebnisse die Berechnung möglich

Der Lösungsplan

machte, so können auch große Probleme nur gelöst werden, wenn die Lösung in viele kleine Teilschritte aufgeteilt wird.

Du wirst feststellen, daß viele Menschen glauben, Erfolg sei in einer Einzelaktion machbar. Das stimmt so aber nicht, denn zum Erfolg gehören immer eine ganze Reihe von Einzelmaßnahmen.

Stell Dir einmal vor, Du möchtest eine Strecke von 1000 km fahren oder gefahren werden. Ist das in einer Einzelmaßnahme machbar?

Wenn Du ein eigenes Fahrzeug hast, mußt Du Dich um Benzin kümmern, um die Funktionsfähigkeit des Fahrzeugs, der Reifen, der Beleuchtung und aller anderen Einzelteile. Du mußt ausrechnen, wieviel Benzin Du für die Hin- und Rückreise brauchst, wieviel Geld Du zu seinem Kauf einstecken mußt. Für die Bestimmung der notwendigen Geldmenge ist es aber auch wichtig, zu wissen, wie Du Dich mit Nahrung und Unterkunft versorgen kannst. Du mußt Kleidung auswählen – dabei ist es nicht gleichgültig, ob es sich um Sommerwetter im Süden oder um die kalte Jahreszeit im Norden handelt.

Das sind aber nur einige kleine Beispiele. Sie gelten auch, wenn Du etwa per Anhalter oder mit einer anderen Fahrgelegenheit vorankommen willst.

Erst recht ist diese Gesetzmäßigkeit aber zu beachten,

wenn es um bedeutende Ziele geht, wie sie etwa in Deinem Jahreszielplan, in Deinem Periodenzielplan und Lebenszielplan stehen. Wie oft aber wird in manchen Medien die Illusion geweckt, es sei einzig und allein eine gute Idee gewesen, die einen Menschen erfolgreich gemacht hat. Dabei stimmt das in nicht einem einzigen Ausnahmefall.

Eine Idee allein garantiert nicht den Erfolg

Der Lösungsplan

Mein Mann erzählte mir, daß die meisten Menschen meinen, mit einer Erfindung ginge es ähnlich: die gute Idee käme über Nacht und müßte nur zum Patent angemeldet werden.

Dabei ist viel fachliche Erfahrung notwendig – allein um zu wissen, wie der Stand des Wissens und der Erfahrung auf einem Fachgebiet sind, damit man wirklich patentfähige Neuerungen entwickeln kann. Von den Versuchen, Berechnungen, technischen Zeichnungen und Beschreibungen ganz abgesehen.

Ist aber dann das Patent erst einmal eingetragen, so denken viele, nun sei es geschafft. Doch die Patentanmeldung macht etwa nur 10 bis 15 % der eigentlichen Aufgabe aus. Und: Unter 100 angemeldeten Patenten ist etwa eines nur ein wirklich außergewöhnlicher wirtschaftlicher Erfolg.

Dann ist es aber immer noch nicht getan, wenn man das eine außergewöhnliche Patent unter 100 Patenten besitzt.

Denn jetzt beginnt die eigentliche unternehmerische Aufgabe, wenn der Erfinder seine Erfindung selbst produzieren, anbieten und verkaufen will. Aber auch der Erfinder im Großbetrieb ist mit dem eingetragenen Patent noch nicht Einkommensmillionär. Auch für ihn beginnt nach der Anmeldung erst richtig die Arbeit der Umsetzung des Patents in die Praxis.

Du gut überlegt hast.

Eine gute Note bekommst Du auch nicht mit einer einzigen schlauen Idee

Wenn Du also ein Ziel erreichen willst, beschreibst Du es so, als hättest Du es schon erreicht. Und dann mußt Du die einzelnen Schritte, die Dich zu diesem Ziel führen sollen, aufzulisten versuchen. Dazu stellst Du Dir immer wieder die Fragen **„Wen oder was brauche ich, um mein Ziel zu erreichen?"** und **„Was muß ich dazu tun?"** Du wirst sehen, auf diese Fragen fallen Dir die notwendigen Schritte ein, die Du gehen mußt, um Dein Ziel zu erreichen. Natürlich erkennst Du die zu einem großen Ziel notwendigen Schritte und Teilschritte nicht innerhalb der nächsten 10 Minuten.

Planen heißt immer erst entwerfen

Auch der Architekt, der Pläne für ein Haus erstellt, erstellt nicht sofort mit Tusche eine Reinzeichnung, sondern entwirft und skizziert mit Bleistift. Und bei jeder Überarbeitung findet er weitere Ideen, Ergänzungen, die hinzuzufügen sind. Ähnlich wird es auch Dir gehen.

Der Lösungsplan

Deshalb solltest Du große und schwierige Ziele nicht mit einem Lösungsplan, den Du in einer einzigen „Sitzung" erstellt hast, zu verwirklichen suchen. Du solltest Dir diesen Lösungsplan vielmehr immer wieder vornehmen, um eigene Verbesserungsideen einbringen zu können.

Je nach Bedeutung und Größe des Zieles kann sich ein solcher Planungsvorgang über mehrere Wochen oder gar Monate erstrecken.

Nun aber ein Beispiel zu einem einfacheren Ziel.

Der Beispiel-Lösungsplan, den Du gleich lesen kannst, hat das Ziel: „Ich habe in Englisch eine „2" erreicht."

Kannst du Dir vorstellen, weshalb es heißt „Ich habe erreicht"? Mit der Zielformulierung „Ich habe erreicht" bezweifelst Du in keiner Weise, das Ziel erreichen zu können. Würdest Du aber schreiben „Ich möchte gern ...", so klingt daraus der Zweifel, ob Du dieses Ziel jemals erreichen könntest. Wenn Du also an die Erstellung Deines ersten Lösungsplanes gehst, solltest Du das Ziel so beschreiben, als hättest Du es bereits erreicht — als stündest Du schon auf dem Gipfel des Berges, den Du noch erklimmen mußt. Und dann wirst Du Dir sicher die Fragen stellen: „Wen oder was brauche ich dazu?" und „Was muß ich dazu tun?" wie im folgenden Beispiel.

Erstes Muster eines Lösungsplans

Ziel: *Ich habe in Englisch eine „2" erreicht.*

Wen oder was brauche ich, um mein Ziel zu erreichen? Was muß ich dazu tun?

A. *Martina ist sehr gut in engl. Grammatik. Mit ihr werde ich üben. Dafür helfe ich ihr in Französisch. (Geld für Nachhilfelehrer gespart).*

B. *Ich werde mir eine Lernkartei basteln (nach Anleitung aus dem Buch von Seb. Leitner: „So lernt man lernen".)*

C. *Ich werde in der Schultasche stets Karteikarten dabei haben und neue Vokabeln schon während des Unterrichts auf Karteikärtchen schreiben. Zuhause trage ich dann die restlichen neuen (+ auch schlecht gewußten alten) Vokabeln ein.*

D. *Außerdem trage ich unregelmäßige Verben in die Karteikarten ein.*

E. *Täglich werde ich mit der Lernkartei das erste Fach durcharbeiten.*

F. *Ich erkundige mich beim deutsch-britischen Club unserer Stadt, ob auch Schüler Mitglieder sein können (evtl. dort englische Zeitungen oder Bücher ausleihen). Kinder- und Jugendbücher sind recht leicht verständlich.*

G. *Ich werde mich nach guten Sprachkursen in England erkundigen.*

Der Lösungsplan

Wenn Du im Ziel ausführlich beschreibst, wem Du mit der Verwirklichung Deines Wunsches oder Zieles welchen Nutzen bietest, wirst Du viel mehr Ideen zu den einzelnen Teilschritten finden und auch für die Durchführung der Teilschritte mehr Kräfte zur Verfügung haben. Außerdem werden die Menschen, denen Dein Ziel oder Dein Weg zum Ziel nützt, auch Dir helfen können und Dich gerne fördern.

Plane die Erfüllung Deines größten Wunsches

So, und nun die Aufgabe, die ich Dir stelle: Suche Dir Deinen größten Wunsch (Dein größtes Ziel) heraus und Dein derzeit größtes Problem. Für beides erstellst Du jetzt den ersten Entwurf eines Lösungsplanes. Suche Dir ein stilles Eckchen, eine ungestörte Atmosphäre, und versuche, Dich in gute Stimmung zu bringen, wenn Du es nicht schon bist. Vielleicht kann Dir auch dieser kleine Gärtner weiterhelfen, der erst sein „Ziel" pflanzt und dann liebevoll pflegt. Wie er solltest Du Deine Ziele und Wünsche pflegen.

Der Lösungsplan

Du weißt aus dem Kapitel „Geplanter Lernerfolg", daß nur in guter Stimmung wirklich gute Ideen kommen, daß nur in guter Stimmung unsere Phantasie und unser Denkvermögen nicht blockiert, sondern im Gegenteil sehr stark angeregt sind. Deshalb ist die gute Stimmung so wichtig.

So, und nun an die Arbeit. Für mindestens zwei Bereiche wird jetzt geplant!

Du liest schon weiter? Hast Du die beiden Lösungspläne, zumindest im Entwurf, schon erstellt? Ja? – Großartig! – Mein Kompliment!

Nein? – Ich kann nicht mal mit Dir schimpfen. Ich selbst wäre vielleicht auch zu neugierig. Aber dennoch, Du solltest jetzt nicht weiterlesen, bevor Du nicht die beiden Lösungspläne erstellt hast. Nicht das Buch zu lesen bringt's, sondern Deine Pläne helfen Dir, „Dein Leben selbst zu bestimmen". Für Ziele, die etwas größer und schwieriger sind, wird gewiß auch die Zielbeschreibung etwas ausführlicher sein. Im folgenden findest Du wieder ein Beispiel, um Dir zu zeigen, was man alles mit diesem Lösungsplan planen kann.

Die einzelnen Teilschritte in diesem Lösungsplan sind manchmal sogar so groß, daß man für die Durchführung dieses Teilschrittes schon wieder einen weiteren Lösungsplan anlegen kann. Wie beispielsweise zum Punkt D.

Zweites Muster eines Lösungsplans

Ziel: *Ich habe das Buch „Zukunft – ja bitte!" gut genutzt und zu meinem beruflichen Lebensziel gefunden. Ich habe auch gute Alternativen zu diesem Ziel
gefunden. Mir ist es außerdem gut gelungen, schriftlich darzustellen, welchen Nutzen es einer Firma bietet, ausgerechnet mich einzustellen. So konnte ich
Interesse für mich wecken, damit ich unter den vielen
Bewerbern heraussteche und ausgewählt werde.*

**Wen oder was brauche ich, um mein Ziel zu errei-
chen? Was muß ich dazu tun?**

A *Ich werde mit meinen Eltern, mit meinen Freunden
und mit meinen Lehrern sprechen und sie fragen,
wo denn nach ihrer Meinung meine Stärken liegen,
was ich gut und gerne mache. Die Ergebnisse
schreibe ich mir auf.*

B *Ich werde mich beim Arbeitsamt zur Berufsbera-
tung anmelden.*

C *Ich werde bei meinen Lehrern und in unserer Schul-
bibliothek nach Fachliteratur suchen, die Anregungen zur Berufswahl gibt.*

D *Ich werde unter Leitung des Lehrers mit einer Gruppe
von Mitschülern ein Team bilden, um Interviews mit
Vertretern der verschiedenen, uns interessierenden
Berufe durchzuführen. Wir suchen mit planmäßiger
Vorbereitung mittels Lösungsplan geeignete erfah-
rene Persönlichkeiten jeder Berufsgruppe, um von
diesen Antworten auf unsere Fragen zu erhalten.*

Der Lösungsplan

E Ich werde, sobald ich mich auf zwei oder drei Berufe festlegen konnte, in jedem dieser Berufe ein Praktikum von einigen Wochen in den nächsten Ferien belegen, um mir direkten Einblick zu beschaffen, bevor ich meine letzte Entscheidung treffe.

F Ich werde Bekannte fragen, was ihr Traumberuf gewesen wäre. Ich suche, ob auch für mich ein interessanter dabei ist.

G Ich werde mich rein gefühlsmäßig für den Beruf entscheiden, der mir am verlockendsten erscheint, weil ich weiß, daß ich dort am meisten körperliche und geistige Kräfte zur Verfügung habe, wohin mich meine Neigung und meine Wünsche locken.

H Ich werde jeden der zwei oder drei Berufe, die ich in die engere Wahl ziehe, in Form eines Aufsatzes beschreiben. So finde ich heraus, wohin meine Neigung geht. Ich werde nämlich jenen Beruf am besten und mich am meisten begeisternd beschreiben können, zu dem meine Veranlagung hinweist.

I Ich werde auf Messen gehen, sobald ich mich für meinen Wunschberuf entschieden habe und mir Prospekte und Unterlagen von all jenen Firmen besorgen, in denen dieser Beruf gefragt ist. Auf diese Art kann ich mich gut hineindenken und vorbereiten, was diese Firmen betreiben und was sie von Mitarbeitern an Leistungen erwarten. Auf diese Weise kann ich ein gutes Nutzenbiete-Konzept entwickeln, um meine Bewerbung für eine Annahme möglichst aussichtsreich zu gestalten.

Für jede Aufgabe ein eigener Plan

Zur Bewältigung der verschiedenen Schwierigkeiten und Ziele in Deinem Leben benötigst Du jeweils einen eigenen Plan. Die Ziele und die Aufgaben für einen solchen Plan findest Du entweder im Jahresziel, vielleicht auch in Deinen Schulproblemen. Die dritte Quelle für Ziele, zu denen Du evtl. Lösungspläne anlegen willst, wäre das letzte Blatt Deiner Zielfindungsanalyse. Dort beschäftigst Du Dich selbstverständlich zuerst mit den Zielen, die Du mit „1" gekennzeichnet hast.

Vielleicht legst Du Dir später ein weißes Notizblatt in Deinen Zeitplaner und schreibst Dir darauf, für welche anstehenden Ziele Du das Vorgehen in Lösungsplänen vorausplanen willst — insbesondere dann, wenn die Ziele hochgesteckt sind und das Vorgehen Dir sehr schwierig erscheint.

Wenn Du nun Deine ersten Lösungspläne fertig hast, so siehst Du, daß eine ganze Menge notwendiger einzelner Schritte auf Deinem Papier stehen. Diese mußt Du nun zur geeigneten Zeit, an geeigneten Tagen und in der richtigen Reihenfolge durchführen, um an Dein Ziel zu kommen. Damit Du dies alles nicht im Kopf behalten mußt, jeweils zur rechten Zeit an das Notwendige und Richtige denkst und Deinen Kopf nicht als reinen Merkspeicher belastest, mußt Du die einzelnen Schritte in Deinen Zeitplaner übertragen.

In Dir stecken riesige Energien

Du hast nun etwas Wertvolles und Neues kennengelernt. Du wirst Deinen nicht planenden Mitmenschen, jenen, die planlos in die Zukunft gehen, weit voraus sein.

Aber es wird bei Dir auch manchmal der Eindruck entstehen, daß das planvolle Vorgehen Dich überfordert.

Dazu nun noch einige gute Tips:

Zuerst einmal muß Dir klar sein, daß Dir der beste Plan nichts nützt, wenn Du nicht die Ausdauer und das Durchstehvermögen hast, bis Du den letzten Schritt zum gewünschten Ziel getan hast.

Du wirst Dir nun die Frage stellen, ob Du die sehr große Willenskraft besitzt, um einen Plan auszuführen, der zu außergewöhnlichen Erfolgen führt?

Dazu gibt es nur eine Antwort: Zur Verwirklichung Deiner ganz persönlichen Wunschziele, an denen Dir außergewöhnlich viel liegt, verfügst Du auch über unvorstellbar starke Energien.

„Zielchen", für die Du Dich nicht mit all Deiner Kraft begeistern kannst, sind keine Ziele, die zu Deiner Persönlichkeit passen. Zumindest aber müßtest Du daraus den Schluß ziehen, daß Du Dich übernommen und beim Start zu viel auf einmal angepackt hast.

169

Prioritäten setzen – aber wie?

Da hilft nur das Setzen von Prioritäten. Ein einfaches System, das Du schon in der Zielfindungsanalyse kennengelernt hast, unterstützt Dich dabei, die anstehenden Aufgaben, Ziele und Wünsche in drei Gruppen einzuteilen.

Führe auf Zetteln in Deinem Zeitplaner eine Liste Deiner für Dich wichtigsten Ziele. Der erste Teil, den Du auf Deiner Liste mit „1" bezeichnest, ist der „Berg" jener Tätigkeiten, die Dir machbar und dringend erscheinen.

Das zweite Gebiet, das Du mit „2" bezeichnest, sind jene Ziele, an denen Dir sehr viel liegt und die Du gerne verwirklichen möchtest. Diese Ziele sind für Dich aber noch nicht so dringend, daß sie nun unbedingt angegangen werden müßten. Es kann aber auch sein, daß sie noch nicht gut verwirklicht werden können.

Und dann hast Du noch einen dritten Teil, den Du mit „3" bezeichnest. Das sind jene Deiner Ziele und Aufgaben, die Dir für ein lebenswertes Leben nicht unbedingt notwendig erscheinen, selbst wenn deren Aussichten auf erfolgreiche Realisierung gut wären.

Das sind also Vorhaben, Ziele und Wünsche, an denen Du vorerst noch nicht arbeiten willst, die für Dich zunächst einfach Erwägungen sind. So kannst Du prüfen,

Der Lösungsplan

ob sie Dir wirklich soviel bedeuten, daß Du Dich dafür anstrengen magst.

Immer dann, wenn Du keinen Durchblick mehr hast, empfehle ich Dir dieses Vorgehen.

Ein Leben mit 84 Jahren

LEBENSZIEL

12 Perioden
84 Jahre
1 008 Monate
30 660 Tage

Tagesplan

Monatsplan

Jahresziel

Periodenziel

Der Lösungsplan

Schau Dir das vorstehende Schaubild an. Es zeigt Dir, daß Du rund 30 000 Tage in Deinem Leben zur Verfügung hast, wenn Du Dir ein langes Leben zum Ziel setzt. Das sind zugleich 30 000 Chancen, in Dein Leben Freude, Erfolg und Gelingen zu bringen.

Sei Dir immer darüber klar, daß Du niemanden erfreuen kannst, wenn Du nicht Dir selbst zuerst Freude-Erlebnisse verschaffen konntest. Oder kannst Du Dir vorstellen, daß ein Gereizter, Mißgestimmter und Übelgelaunter anderen Menschen Freude bringt?

Wollen Menschen aber nicht Freude von ihren Mitmenschen erleben? Willst Du etwas anderes als Freude durch Deine Mitmenschen erleben?

Das gleiche gilt aber auch für Erfolg und Glücklichsein.

So ist es Deine erste Pflicht, selbst Freude und beglückende Stimmung in Dein Leben zu bringen, indem Du an jedem Tag diese Aufgabe planmäßig, Schritt für Schritt, von neuem angehst. Dann kannst Du auch für andere Menschen eine besondere Bedeutung erlangen, indem Du ihnen zeigst und dabei hilfst, Freude und beglückende Erlebnisse in ihr eigenes Leben zu bringen.

Das muß Dein oberster Wertmaßstab für alles Planen und alles Handeln sein.

Ohne Training kein Erfolg

Vergiß eines bitte nie, Erfolg ist nie denkbar ohne Training. Was für alle Arten des Sports, für jedes Spiel und sogar für ein Kleinkind gilt, das nicht auf Anhieb stehen oder laufen kann — das gilt auch für Dich.

Du mußt das Empfohlene einfach tun. Jedesmal wird es Dir besser gelingen. Kein mißlungener Schritt darf Dich entmutigen, auch Fehler gehören dazu.

Warum solltest Du weniger Willenskraft als ein Kleinkind besitzen? Es hört ja schließlich auch nicht mit seinen Versuchen auf, das Stehen oder Laufen zu erlernen. Es unternimmt immer weitere Versuche, auch wenn sie häufig mißlingen.

Als Möglichkeit, um mit Deinem Planungssystem besser klarzukommen, ein Tip: Du solltest als planender Mensch nicht allein in Deiner Welt stehen. Vielleicht kannst Du Geschwister, mit denen Du harmonierst, Deine Eltern oder einen Freund für planmäßiges Handeln interessieren. Denn je mehr Menschen in Deiner Umgebung planen, desto leichter wirst auch Du planen können.

Kapitel 8

Die erfolgreiche Bewerbung

Bewerbung ist Werbung für sich selbst

Bewerbung kommt – wie der Name schon sagt – von „Werbung". Das heißt: Werbung für sich selbst. Wer aber immer wieder gehört hat: „Eigenlob stinkt", wird es gewiß schwer haben, nun das Gegenteil zu tun und zu schreiben, wie gut er bzw. sie ist. Wer also die Spielregeln der Bewerbung beherrscht, hat es sicher leichter.

Nicht nur die Schulabgänger des nächsten Jahres sollten dieses Kapitel lesen und bei den folgenden Übungen mitmachen, sondern alle Jugendlichen. Denn bewerben muß sich jeder irgendwann – sei es um eine Lehrstelle, eine Anstellung oder um einen Ferienjob.

Stell Dir vor, Du erhältst den ersten Brief von Deinem neuen Brieffreund. Das Briefpapier hat Eselsohren, mehrere Fettflecken zieren es, und zur Krönung ist die Handschrift fast unleserlich.

Wie wirst Du diesen Brief lesen? Freudig oder mit Widerwillen und Abneigung? Wenn Du wenig Zeit hast, wirst Du ihn sicher beiseitelegen, um ihn später zu lesen oder ihn sogar total zu vergessen!

Was nutzt also der beste Inhalt – vielleicht stehen viele interessante Informationen und Anregungen in diesem Schreiben –, wenn die äußere Form so abstößt, daß niemand den Inhalt kennenlernen möchte?

Bei der Bewerbung ist es ähnlich. Die äußere Form, der damit verbundene erste Eindruck ist entscheidend für den weiteren Verlauf.

Wenn Du Dich gründlich informieren willst, solltest Du in die Stadtbücherei gehen und Dir Bücher zum Thema Bewerbung ansehen. Viele Ratschläge werden dazu auch von Arbeitsämtern und Schulen gegeben. Denn gerade in einer Zeit, in der es viele Lehrstellenbewerber gibt, solltest Du durch Form und Inhalt Deine Bewerbung hervorheben.

Was gehört zur guten Bewerbung?

Fünf Bestandteile sind es, die zu einer Bewerbung gehören:

1. Ein kurzes, handgeschriebenes Begleitschreiben;
2. eine Bewerbung (möglichst mit der Maschine geschrieben);
3. ein tabellarischer Lebenslauf (möglichst ebenfalls mit der Maschine geschrieben);
4. ein Paßfoto neueren Datums;
5. Zeugnis(se).

Selbst wenn eine handschriftliche Bewerbung verlangt wird, solltest Du die oben genannten fünf Elemente berücksichtigen. Die verlangte Handschrift-Probe wird meistens benötigt, um ein graphologisches Gutachten (eine Handschriftdeutung) einzuholen; es kann aber auch sein, daß sich der Firmenchef, der Personal- oder Ausbildungsleiter aus Deiner Handschrift ein Bild von Dir machen wollen. Zu diesem Zweck reicht es also, das **Begleitschreiben** von Hand zu schreiben.

Die äußere Form ist wichtig

In diesem Begleitschreiben solltest Du erwähnen, welche Unterlagen Du einreichst. Wenn Du weißt, wer in dem Unternehmen über die Einstellung von Auszubildenden entscheidet, solltest Du Dein Schreiben an diese Person richten und sie direkt ansprechen.

Diese persönliche Anrede ist bereits ein erster Erfolgsfaktor, denn aus der Psychologie ist bekannt, daß jeder seinen eigenen Namen gern hört und liest. Wenn Du Dir also die Mühe gemacht hast, herauszufinden, wer Dein Ansprechpartner ist, wird Dich dieser unbewußt sympathisch finden; bewußt wird er Dich schätzen, weil Du Dir Mühe machst und Dich für die gewünschte Lehrstelle engagierst.

Im **tabellarischen Lebenslauf** werden gut gegliedert folgende Angaben gemacht:

Name
Vorname
Geburtsdatum
Geburtsort
    (nur für die erste Anstellung bzw. Lehrstelle:
    Name des Vaters, sein Beruf
    Name, Mädchenname der Mutter, ihr Beruf)
Anschrift
Schule(n) (von ... bis ...)
Lieblingsfächer (nur, wenn sie zu dem Beruf gut passen, wie z.B. Rechnungswesen für Bankkaufleute)
Außerschulische Ausbildung (z.B. Stenographie und Maschinenschreiben bei Gymnasiasten oder Computerkurse usw.)
Kenntnisse und Fähigkeiten (auflisten, was für die gewünschte Stelle von Interesse ist: Führerschein, Fremdsprachen usw.)
Mitgliedschaften (nur wenn sie gemeinschaftsförderlich sind (z.B. Wasserwacht, DLRG, Rotes Kreuz) oder wenn sie zum Beruf passen – etwa deutsch-französischer Kulturkreis für eine Fremdsprachenkorrespondentin –)
Hobbys (können – müssen nicht – angegeben werden)

Vorbereitung Deines Bewerbungs-schreibens

Bevor Du Deine Bewerbung schreibst, solltest Du Dir folgende Fragen beantworten:

1. Warum interessiert mich der Beruf ...?
2. Was würde es mir bedeuten, diesen Beruf ausüben zu können?
3. Welchen Nutzen könnte ich der Firma, die mich einstellt, und ihren Kunden bieten?

Gute Formulierungen zu diesen Fragen gehören in die Bewerbung, denn in dieser Zeit bekommen die Firmen eine große Zahl von Stellenanfragen. In den meisten wird davon gesprochen, daß der Bewerber die Lehrstelle haben möchte; kaum einer wird aber daran denken, daß auch das Unternehmen Bedürfnisse hat: z.B. nach Mitarbeitern, die gern und mit Freude arbeiten und die Arbeit nicht nur als lästigen Zeitvertreib zwischen Schlaf und Feierabend ansehen.

Du wirst Dich also von Deinen Mitbewerbern unterscheiden, wenn Du in der Bewerbung hervorhebst, wie gern Du diesen Beruf ausüben möchtest, warum Du Dich dafür geeignet hältst und wie Du der Firma nutzen willst. Derartige Töne sind Unternehmer kaum gewöhnt, man wird also hellhörig und auf Dich aufmerksam werden.

Was weißt Du von der Firma?

Was könntest Du sonst noch schreiben? Vielleicht gibt es auch etwas Positives über das Unternehmen zu sagen: „Ein Bekannter, der in Ihrem Unternehmen arbeitet, hat mir von dem guten Arbeitsklima in Ihrer Firma berichtet" oder: „Das Produkt XY, das Sie herstellen, finde ich ganz außergewöhnlich gut." Wenn Du beispielsweise in diesem Geschäft oder von dieser Firma einmal besonders gut bedient worden bist und Dich die freundliche Bedienung beeindruckt hat, so kannst Du das ruhig schreiben.

Suche also danach, ob – und was – es Gutes über das Unternehmen, bei dem Du Dich bewerben willst, zu sagen gibt. Aber eines mußt Du unbedingt beachten: Es muß wahr sein, was Du lobst! Nichts wirkt schlimmer als unaufrichtiges Lob und fade Schmeichelei. Ein aufrichtiges Lob dagegen hören Unternehmer genauso gern wie Du.

Wer allerdings innerlich gegen Unternehmer – also gegen Arbeitgeber – eingestellt ist, wird diese Ablehnung unbewußt auch in der Bewerbung anklingen lassen. Dann darf man sich auch nicht wundern, wenn diese Bewerbung abgelehnt wird.

Ferienarbeit und Referenzen

Wenn Du früher schon einmal in den Schulferien gearbeitet hast, solltest Du das auch in der Bewerbung sagen. Denn die Ausbilder schätzen es sehr, wenn der zukünftige Auszubildende bereits weiß, was Arbeiten heißt. In der Schule lernt Ihr zwar sehr viel theoretisches Wissen, aber über praktisches Arbeiten sagen die Schulnoten nichts aus.

Wenn Du etwa ein Zeugnis mit ziemlich mittelmäßigen Noten hast, dann solltest Du sinngemäß schreiben, daß Dir rein theoretische Wissensaufnahme ohne die Möglichkeit der praktischen Anwendung sehr schwer fiel, daß Du aber davon überzeugt bist, in Deinem Wunschberuf gute Leistung erbringen zu können.

Das klingt nicht übertrieben. Ich selbst kenne einige junge Leute, die in der Schule nicht gerade stark waren, die ihre Lehre aber mit hervorragenden Noten abgeschlossen haben − weil sie in ihrem Wunschberuf arbeiten konnten.

Außerdem sollte in der Bewerbung eine Referenz angegeben werden. Das ist der Name eines Erwachsenen, der Dich kennt, der Positives über Dich berichten kann und dem Arbeitgeber glaubwürdig erscheint. Bevor Du aber jemanden als Referenz angibst, solltest Du diese Person fragen, ob sie damit einverstanden ist. Du könntest z. B. Deinen Klassenlehrer nennen (da siehst Du, wie wichtig ein guter Kontakt zum Lehrer auch für das spätere Leben sein kann); es könnte aber auch eine Person sein, die der Unternehmer, bei dem Du Dich bewirbst, gut kennt. Vielleicht ist auch Dein Vorgesetzter bei Deinen früheren Ferienarbeiten eine gute Referenz? Auch aus diesem Grund lohnt es sich also, in den Ferien zu arbeiten. – Hast Du übrigens schon daran gedacht, Deine ehemaligen Arbeitgeber während Deiner Ferienarbeiten nach einem Kurzzeugnis zu fragen? Ein Schüler, der sich bewirbt und bereits ein solches „Arbeitszeugnis" vorweisen kann, macht einfach Eindruck!

Was ich hier empfehle, ist gewiß eine aufwendige Bewerbung – achte bitte unbedingt darauf, daß alle Unterlagen gut leserlich sind –, die viel Mühe macht. Wer methodisch geplant fünf Bewerbungen in der empfohlenen Form schreibt und diese gezielt auf jede einzelne Firma abstimmt, wird aber zweifellos mehr Erfolg haben als mit 40 Einheitsbewerbungen!

Das Vorstellungsgespräch

Der große Tag ist gekommen, Du wirst zu einem Vorstellungsgespräch gebeten!

Wieder wird auch die äußere Form eine große Rolle spielen; selbstverständlich wirst Du gepflegt erscheinen. Bei Jugendlichen wird es gern gesehen, wenn ein Elternteil mit zum Vorstellungsgespräch kommt, denn der zukünftige Lehrherr möchte oft gern wissen, in welchem Rahmen der Auszubildende lebt. Das ist aber nicht überall Sitte. Am besten ist, Du erkundigst Dich, wie es in dieser Firma gehalten wird.

Nun solltest Du nicht aufgeregt und womöglich vor Angst zitternd zum Vorstellungsgespräch erscheinen. Aber wie bekommt man diese Angst, dieses Lampenfieber in den Griff? Das beste Mittel dagegen ist eine gute Gesprächsvorbereitung.

Nimm Dir also einen Zettel und schreibe Dir alle Fragen auf, die Dir Deiner Meinung nach Dein Gesprächspartner beim Vorstellungsgespräch stellen könnte. Hier ein paar Beispiele:

— „Warum wollen Sie ... werden?"
— „Was gefällt Ihnen besonders an diesem Beruf?"
— „Wieso haben Sie sich gerade bei unserer Firma beworben?"
— „Was wissen Sie über unsere Firma (unser Produkt, unsere Dienstleistung)?"

Die erfolgreiche Bewerbung

– „Was machen Sie in ihrer Freizeit am liebsten?"
Dies sind nur einige der möglichen Fragen, auf die Du vorbereitet sein solltest. Überlege Dir weitere, frag Personen Deiner Umgebung, welche Fragen sie an einen Bewerber stellen würden.

Die Antworten zu allen gefundenen Fragen solltest Du aufschreiben. Dann laß jemanden aus Deiner Familie diese Fragen stellen und beantworte sie. Merk Dir, wo es holprig klingt und Du evtl. unsicher bist. Übe diese Stelle noch intensiver, lies die Antworten mehrmals durch, um sie ganz sicher zu wissen.

Und nun zum zweiten Teil der Vorbereitung für das Vorstellungsgespräch. Vielleicht sagt Dein Gesprächspartner: „Haben Sie noch irgendwelche Fragen?" Dann solltest Du ein paar kluge Fragen parat haben, es sei denn, Dein Gesprächspartner steht unter Zeitdruck und möchte das Gespräch baldigst beenden. Versuche mit Fingerspitzengefühl zu erkennen, ob er wirklich noch eine Frage von Dir erwartet. Wenn es so ist, solltest Du diese Frage spontan stellen können. Auch dafür rate ich Dir, Dich schriftlich vorzubereiten.

Zunächst kannst Du Dich dazu aus Firmenprospekten oder aus dem Lokalteil der Tageszeitung über die Firma und deren Produkte/Dienstleistungen informieren.

Du beweist Deinem Gesprächspartner, wie sehr Du an seiner Firma interessiert bist, wenn Du beispielsweise bei der Vorstellung sagst:

185

– „In der Zeitung (in ihrem Prospekt) habe ich gelesen, daß ... – Das interessiert mich sehr."
– „Kann ich mich, wenn ich die Lehrstelle bekomme, in irgendeiner Weise besonders vorbereiten?"
– „Wieviel Mitarbeiter hat die Firma?"
oder z. B.
– „In welche Länder exportieren Sie?"

Vor einiger Zeit habe ich einem Jugendlichen geholfen, sich derart auf ein Vorstellungsgespräch vorzubereiten.

Er wurde recht wenig gefragt und hatte auch selbst kaum Gelegenheit, die vorbereiteten Fragen zu stellen. Aber der Lehrherr dieses Jungen sagte nach dem Gespräch zu mir: „Selten habe ich einen so sicheren Bewerber gesprochen. Mich hat das sichere Auftreten eines so jungen Menschen beeindruckt." Die Folge: Der junge Mann hat die Lehrstelle bekommen.

Denn die intensive Vorbereitung hat ihn selbstsicher gemacht; diese Selbstsicherheit – verursacht durch sorgfältige **schriftliche** Vorbereitung – wünsche ich auch Dir.

Denke in den Tagen vor der Vorstellung aber auch immer wieder daran, daß Du Dir vom Unternehmen nicht nur etwas wünschst – eine Lehrstelle –, sondern daß Du auch etwas zu bieten hast: Deine Arbeit und Deine Freude an der Arbeit. Dieses Wissen macht Dich stark und selbstsicher. Viel Erfolg.

Nachwort

Ein großes „Dankeschön"

Vielleicht hast Du beim Lesen den Eindruck gewonnen, daß der planende Mensch alles erreichen kann, was er will. Das stimmt selbstverständlich nur zum Teil. Im Alleingang schafft der Mensch recht wenig. Gemeinsam mit anderen sind wir jedoch stark.

Dieses Buch zum Beispiel habe ich auch nicht allein geschrieben. Und deshalb sage ich hier allen, die mir dabei geholfen haben, ein sehr herzliches „Dankeschön".

Der verstorbene Gustav Großmann hat als erstes eine Planungsmethode entwickelt – die „Großmann-Methode" – die es dem Menschen möglich macht, sein Können zu steigern.

Diese Methode hat mein Mann, Manfred Helfrecht, zum HelfRecht-Planungssystem ausgebaut und erweitert. Weil er der Jugend sehr nahe steht, hat er die Planungstage für Jugendliche entwickelt. Viele wertvolle Ratschläge und Anregungen habe ich von ihm für die Leitung dieser Planungstage und für das vorliegende Buch erhalten.

Ein weiteres „Danke" gebührt Ernst-Walter Wehner, Chefredakteur des „Methodik-Journals" und Leiter der Zentralen Informationsstelle der Firmengruppe Helfrecht. Er hat meinen Text überarbeitet und – hoffentlich – alle Fehler ausgemerzt.

187

Zukunft – ja bitte!

Tja, bis das Buch aber endlich bei Dir angelangt ist, hat es viele Hände durchlaufen. Es mußte getippt, gesetzt, gedruckt, gebunden, verpackt, umworben und verkauft werden.

Ohne die dazu notwendigen vielen Helfer könnte ich mir die Finger wund schreiben, ohne daß Du auch nur eine Zeile zu Gesicht bekämest.

Warum ich das alles schreibe? Nun, damit Du bei all Deinen Zukunftsplänen überlegst, wessen Hilfe Du brauchen wirst. Wer hat Interesse daran, Dich auf dem Weg zu Deinen Zielen zu unterstützen?

Wem willst Du danken?

Vielleicht überlegst Du jetzt einmal, wer Dir bis jetzt Grund zum Dank gegeben hat.

Das ist nun meine letzte Aufgabe für Dich: Schreibe auf eine Liste links die Namen der Personen, denen Du aus irgendeinem Grund „Danke" sagen willst. In eine Spalte rechts davon schreibe bitte, wie Du danken möchtest oder bis wann spätestens Du danken willst.

Warum ich so viel Wert auf das Danken lege? Nun, aus der Psychologie ist bekannt, daß wir das anziehen, was wir verehren, bewundern oder dankend annehmen. Dein Förderer wird Dich gern weiterfördern, wenn er oder sie sieht, wie gern Du eine Förderung annimmst.

Aber Lippenbekenntnisse sind nicht gefragt. So wie eine gute Tat dem Schöpfer sicher mehr bedeutet, als ein flüchtiges Dankgebet, so wird eine liebevolle Geste Deinen Förderern wichtiger sein, als ein überschwengliches „Dankeschön".

Auf Wiedersehen – viel Erfolg!

Du hast gesehen: Dein Leben bestimmst Du selbst – aber nicht allein!

Achte auf die richtigen Freunde und Partner!

Ich bin überzeugt, wenn Du nur einen kleinen Teil des hier Gelesenen anwendest, wirst Du ein glückliches und erfolgreiches Leben leben.

Viel Spaß und Freude wünsche ich Dir dabei!

Brigitte Helfrecht

Planen, damit's leichter geht

Teil I: Sie können Ihr Leben selbst bestimmen

Von Manfred Helfrecht

Dazu der Autor:

„Wer sich aufgrund seiner erkannten Begabungen Ziele setzt und weiß, wie diese Ziele erreicht werden können, hat es im Leben leichter. Wer plant, ist kein Spielball anderer, sondern kann sein Leben selbst in die Hand nehmen. – Dem Leben einen eigenen Sinn zu geben, ist also auch und gerade heute noch möglich, allerdings nicht zu Lasten der Mitmenschen.

Dieses Buch, das sich an die junge Generation, den aufstrebenden Angestellten, an Unternehmer und ihre Lebenspartner, aber auch an den sinnsuchenden Schüler, Studenten und Auszubildenden richtet, gibt praktische Hinweise und Tips, wie jeder mit Hilfe einer persönlichen Planungsmethode sein Leben leichter gestalten kann."

Teil I beschäftigt sich zunächst mit dem Gedanken und den Vorteilen des Planens. Die vom Leser schriftlich in 14 Kapiteln zu bearbeitenden 35 Aufgaben vermitteln bereits wesentliche Erkenntnisse über die Chancen der eigenen Persönlichkeit. Diese Ausarbeitungen bilden dann die Grundlage für die Bearbeitung von Teil II („Wie Sie Ziele erreichen und Probleme lösen").

Planen, damit's leichter geht

Teil II: Wie Sie Ziele erreichen und Probleme lösen

Von Manfred Helfrecht

Der Autor zu diesem Buch:
„Es stimmt: Wer plant, kann sein Leben erleichtern, gesetzte Ziele einfacher erreichen und Probleme lösen. Aber nicht nur das: Wer sein Leben selbst in die Hand nimmt – also plant –, wird nicht mehr verplant, wird freier und selbstsicherer.

Und so erfährt der Leser dieses Buches, wie er zu seinen persönlichen Zielen findet, diese Ziele mit weniger Aufwand an Zeit, Geld und Energie erreicht und bestehende Probleme lösen kann. Patentrezepte werden ihm dazu jedoch nicht angeboten. Im Gegenteil: Jeder muß sich seine eigenen Arbeits- und Hilfsmittel erarbeiten, um das Gewünschte auch tatsächlich zu erreichen."

Nachdem in Teil I („Sie können Ihr Leben selbst bestimmen") die Grundlagen gelegt wurden, kann sich nun jeder mit Hilfe einer ausführlichen Selbstanalyse und der in sechs Kapiteln gestellten 20 Aufgaben das Handwerkszeug erarbeiten, um sein Leben leichter zu gestalten.

Planen – handeln – Zukunft sichern

Gestalten Sie Ihre persönliche und berufliche Zukunft

Von Manfred Helfrecht und Ernst-Walter Wehner

Es ist eine Tatsache, daß nicht nur im beruflich-unternehmerischen, sondern auch im persönlichen Bereich geplant werden kann – und daß Planung große Erfolge möglich macht.

In den Beiträgen dieses Buches wird gezeigt, mit welch einfachen Hilfsmittel erfolgreich geplant werden kann. Die beiden Autoren belegen in den einzelnen Essays des Buches, daß jeder schon morgen beginnen kann, seine persönliche, die berufliche, aber auch die unternehmerische Zukunft zu gestalten. Sie verdeutlichen anhand vieler Beispiele, daß nur geplanter Erfolg auf Dauer auch sichere Erfolge sind.

Vom Wert des Planens

Das HelfRecht-Planungssystem in der Praxis

Von Manfred Helfrecht

Dieses Buch stellt eine Zusammenfassung von Beiträgen zu den verschiedenen Stufen des vom HelfRecht-Studienzentrum für persönliche und unternehmerische Planungsmethoden GmbH gelehrten HelfRecht-Planungssystems dar.

In den vier Kapiteln

- Persönliche Situationsanalyse
- Berufliche Situationsanalyse
- Zielfindung und Zeitplanung
- Vorgehensplanung

wird anhand von ausgewählten Beträgen eines erfahrenen Praktikers bewiesen, daß dieses Planungssystem gerade in der heutigen Zeit einen unschätzbaren Wert besitzt: Mit seiner Hilfe können scheinbar unlösbare Probleme gelöst sowie Mängel, Schwierigkeiten und Hindernisse als Grundlagen für persönliche und berufliche Erfolge verwertet werden.

Freude verleiht Flügel

Von Brigitte Helfrecht

Unsere Stimmung bestimmt über Gesundheit und Krankheit, über Lebensfreude und Verbitterung, über Gelingen und Qualität der Arbeit, über Harmonie und Disharmonie zwischen den Menschen, ja sogar über Liebe und Zerwürfnis, über Krieg und Frieden.

In diesem Kunstband werden 31 Anregungen – für jeden Tag des Monats eine – gegeben, wie man Freude in sein eigenes und in das Leben anderer Menschen bringen kann.

Jeder Anregung ist ein vierfarbiges Aquarell von IRis Regenbogen (identisch mit Brigitte Helfrecht) gegenübergestellt. Diese Aquarelle sind Farbsymphonien oder, wie die Malerin selbst schreibt, „Regenbogenvariationen", die zum Träumen, zum Schauen, zum Meditieren verlocken können.

Die Künstlerin fordert den Betrachter auf, in dem Bild-Textband zu blättern, bis das Auge wie magisch an einer Farbenkomposition haften bleibt. Denn Farben können beruhigen oder stimulieren, heilen und erfreuen.